电子竞技运动理论及训练方法研究

李 会◎著

九州出版社
JIUZHOUPRESS

图书在版编目（CIP）数据

电子竞技运动理论及训练方法研究 / 李会著. -- 北京：九州出版社，2023.5

ISBN 978-7-5225-1822-0

Ⅰ. ①电… Ⅱ. ①李… Ⅲ. ①电子游戏－运动竞赛－研究 Ⅳ. ①G898.3

中国国家版本馆 CIP 数据核字（2023）第 087911 号

电子竞技运动理论及训练方法研究

作　　者　李　会　著
责任编辑　李文君
出版发行　九州出版社
地　　址　北京市西城区阜外大街甲 35 号（100037）
发行电话　（010）68992190/3/5/6
网　　址　www.jiuzhoupress.com
印　　刷　三河市腾飞印务有限公司
开　　本　787 毫米 × 1092 毫米　16 开
印　　张　12.25
字　　数　260 千字
版　　次　2023 年 5 月第 1 版
印　　次　2023 年 5 月第 1 次印刷
书　　号　ISBN 978-7-5225-1822-0
定　　价　58.00 元

前 言

电子竞技这项新兴的体育运动在我国乃至全球范围内迅速发展已是不容否认的事实，是互联网时代市场需求所催生的必然产物。但正如任何新技术与新事物的产生和发展一样，电子竞技在带来极大经济价值、文化价值与社会影响力的同时，也带来了诸多的负面效应。所谓“欲思其利，必虑其害欲思其成，必虑其败”，争议无可避免，但争议的目的应该是趋利避害。技术和事物本身是无主观意识的，关键在于如何正确地看待与应用两者。而在这一过程中，人的因素至关重要。

目前我国高校电子竞技及相关专业的建设、教学还处于起步阶段，虽然部分本科院校、高职院校及中职院校已经积累了一定的电子竞技教育的实践经验，但总体来说在运动理论、训练方法方面的电子竞技教育人才较为稀缺。

本书共包括七章内容，第一章，电子竞技的概念与特点。从宏观的角度阐述电子竞技的相关概念，与传统体育的区别以及电子竞技的特点；第二章，电子竞技的发展。以时间为主线，对国内外电子竞技的发展过程，提出中国电子竞技发展的社会驱动力、项目发的发展以及急速发展的应对方法；第三章，电子竞技的运动的训练的相关理论。主要从理论的视角阐述相关的运动训练的内容及原则，从而过渡到接下来的具体项目训练内容；第四章，电子竞技选手的技术战术训练及体能训练。主要包括基本技术、战术训练，体能训练和操作方法训练；第五章、第六章，分别以FPS、MOBA两类电子竞技运动项目为实例，对其训练方法展开详细讲解。第七章，电子竞技团队协作战略训练。主要包括团队协作的概念、分类及影响，具体的训练方法以及心理技能的训练。

本书语言平直朴素，通俗易懂，在电子竞技运动理论及训练方法研究上逻辑清晰，观点鲜明；并且在论述中穿插实际案例，图文并茂。

在撰写过程中查阅和借鉴了许多的书籍以及文献，在此对其学者专家们表示衷心的感谢。本人尽自己最大的能力完成此书，然而仁者见仁智者见智，希望各位予以指正，以期不断改善并修订。

作者

2022年11月

目　录

第一章　电子竞技的概念与特点

电子竞技运动是一项集竞技、科技、娱乐、时尚于一体的新兴体育项目，是信息时代有益于培养德智体全面发展有用人才的健康运动。据国家体育总局对其定义："电子竞技运动就是利用高科技软硬件设备作为运动器械进行的、人与人之间的智力对抗运动。通过运动，可以锻炼和提高参与者的思维能力、反应能力、心眼四肢协调能力和意志力，培养团队精神。"

第一节　新兴的充满争议的电子竞技

北京时间2020年12月16日，亚奥理事会召开第39届全体代表大会。会上将电子竞技和霹雳舞正式列入2022年杭州亚运会竞赛项目。这个消息意味着电子竞技已经正式进入主流体育竞赛的行列，电子竞技选手、电子竞技从业者和电子竞技爱好者多年的努力获得了阶段性的认可。

虽然早在2003年国家体育总局就已经将电子竞技列为第99个体育项目，后又改为第78个体育项目，但是电子竞技在大众认知和社会认可方面仍然受到极大的挑战。早些年，电子游戏曾被认为是"电子鸦片"，令人玩物丧志。家长们也对沉迷游戏的孩子的前途表示担忧。传统体育和其他行业的朋友也对电子竞技的体育身份产生了强烈的质疑。每次质疑都会引发广泛的社会讨论，与电竞相关的话题也总是成为社会关注的热点。在争议和质疑声中，电子竞技运动、电子竞技从业者以及电子竞技爱好者负重前行，曲折前进。

作为新兴的体育项目，电子竞技诞生初期受到一些不理解和质疑很正常。电子竞技受质疑的原因包括：电子竞技和传统体育在表现形式上差异太大，导致大众普遍不理解；很多人混淆了电子游戏和电子竞技的概念，有些电子游戏和玩法不属于电子竞技，绝大多数游戏水平也达不到电子竞技的高度；游戏和电子竞技成为了引发社会和家庭问题的导火索，进而被口诛笔伐，而导致这些问题的深层次原因却被忽视。这类普遍性的社会认知也许能够解释电子竞技受到质疑的原因，但它们却无法解释为什么只有电子竞技容易被误解和质疑，而其他新兴体育项目却很少受到强烈质疑。难道传统体育就不会致人上瘾，参加过多也不会影响学习成绩吗？毕竟，其他体育项目进入亚运会、奥运会也没有像电竞这样引发巨大争议。

在目前广泛的社会认知上，与其他体育项目相比，电竞一直被区别对待。这种现象是一个长期被忽视，但值得深入研究的问题。要弄清这个问题，恐怕只能从电竞的定义和特点中寻找本质原因。

第二节　电子竞技的相关概念

一、电子竞技的定义

2009年11月，时任国家体育总局信息中心副主任的杨英女士在接受人民网采访时，对电子竞技的定义作了如下解释："电子竞技运动是利用高科技软硬件设备作为运动器械进行的、人与人之间的智力对抗运动。"这也是国内对电子竞技较为权威的定义。

维基百科关于电子竞技的定义是："Esports is a form of sport competition using video games."即"电子竞技（也称为电子体育）是一种利用电子游戏进行比拼的体育运动。"这个定义引用自芬兰坦佩雷大学信息科学学院游戏研究实验室教授Juho Hamari与研究员MaxSjöblom的论文。JuhoHamari教授从事游戏及电子竞技相关学术研究，并发表了多篇电竞相关论文。

腾讯电竞关于电子竞技的定义是："电竞是基于游戏又超越游戏的，集科技、竞技、娱乐、社交于一身的拥有独特商业属性与用户价值的数字娱乐文化体育产业。"

以上3种电子竞技的相关定义，是目前国内外关于电子竞技的定义中比较具有权威性的。综合3种定义可以看出，电子竞技的定义中有几个要素：电子游戏、高科技软硬件设备、智力对抗。电子游戏是电子竞技的运动载体，高科技软硬件设备是电子竞技的器械，而智力对抗（包括操作技巧、游戏策略等）是电子竞技的竞技本质。

二、电子游戏：第九艺术

最初，电子竞技是电子游戏（Video Games）的推广活动，随着其影响力在发展中不断增大，逐渐发展为相对独立的产业。在理解电子竞技的定义时，首先要理解电子游戏的概念，因为电子游戏是电子竞技的竞技载体，也是竞技活动发生的虚拟环境。

电子游戏是依托电子设备平台运行的交互游戏。根据电子游戏的载体来分类，电子游戏可分为街机游戏、主机游戏、掌机游戏、电脑游戏和手机游戏。未来随着新的科技终端不断产生，也会诞生更多在新的终端上运行的电子游戏。

电子游戏自出现以来就一直饱受争议，社会上有些人甚至认为电子游戏是“电子鸦片”。成长在计算机和互联网时代的年轻人通常都接触过一些电子游戏，其中也有被认为是游戏成瘾的问题少年。

游戏上瘾一度被视为精神疾病。但实际上，游戏成瘾的诊断标准是非常严苛的。2019年，在瑞士日内瓦举行的第72届世界卫生大会上，《国际疾病分类第11次修订本》（ICD-11）获得通过。其中，“游戏障碍”作为一种疾病，被纳入“由成瘾行为而导致的障碍”分类中。在ICD-11中，“游戏障碍”的认定主要包括3个行为模式：对游戏行为的控制力减弱；玩游戏的优先级高于日常生活和其他正常兴趣爱好；尽管出现了负面后果，仍继续游戏，对个人、家庭、社会、学习、工作或其他重要领域造成了严重损害。此外，上述行为模式需要持续至少12个月才能作为诊断依据。许多游戏爱好者将电子游戏当作竞技运动或像看电影一样的娱乐活动，但却被视为游戏上瘾，这实际上是对电子游戏的一种误解。争议和误解的本质其实是程度的问题，不只是电子游戏，任何形式的爱好和运动，如果过度沉迷，都会导致不良的结果。

电子游戏被反对者视为洪水猛兽，但有一些认识到电子游戏优点的人士很早就提出了“电子游戏是第九艺术”的观点。传统的八大艺术是指绘画、雕刻、建筑、音乐、文学、舞蹈、戏剧、电影。而电子游戏综合了绘画、音乐、文学、电影等多种艺术元素，某些制作精良的电子游戏在艺术上的造诣令人震撼。

在国内，“游戏是第九艺术”这个观点最早出现在20世纪90年代。1997年，吴冠军在《新潮电子》杂志上发表了《第九艺术》一文，在国内最早提出了“游戏是第九艺术”这一概念。随后，这篇文章被无数媒体转载，对整个游戏界产生了深远的影响。2000年11月24日，《人民日报》上刊登了《电脑游戏：第九艺术或电子海洛因》一文，文中指出：“有人已经把电脑游戏称为青少年的第九艺术，有的指出它已经塑造了新一代人的精神结构”，更加强化了“电子游戏是第九艺术”的概念。曾经代理《魔兽世界》的互联网娱乐公司第九城市，其公司名称就来源于“电子游戏是第九艺术”这个概念，第九城市公司简介中提到，公司“致力于通过第九艺术——游戏艺术，为都市人创造一种全新的在线娱乐生活方式”。在第九城市的游戏中，“游戏是第九种艺术”这句标语总是和LOGO一起出现。

如今“电子游戏是第九艺术”的概念已经被越来越多的人认可，无数制作精良、剧情宏大、音乐动人、画面精美的电子游戏，一次又一次地诠释了第九艺术。

三、电子竞技游戏及其特点

电子竞技游戏，简称电竞游戏，是电子游戏中具有较强竞技性的一部分游戏。这部分强竞技性的游戏往往会很快在玩家中流行开来，有着巨大的用户群体，继而成为电子竞技运动的项目之一。与更广泛的电子游戏相比，电子竞技游戏的突出特点是具有实时对抗性、技巧策略性和公平竞技性。

电子竞技游戏的实时对抗性指游戏强调个人对抗或者团队对抗，在游戏中对抗和比拼是实时发生的，不可逆、不可复制。在很多游戏中，玩家可以通过存档备份来恢复游戏的各种数据。如果游戏过程不符合预期，可以通过读取之前的存档从某一阶段重新开始游戏。在电子竞技游戏中，玩家的游戏操作是不可撤销和更改的，所有的游戏操作都是实时发生且不可逆的。即使是在回合制的电竞游戏中，玩家轮流进行操作，这样的操作也是实时操作，无法撤销或更改，同样符合电子竞技游戏的实时对抗性。电子竞技游戏的实时对抗性让竞技结果充满偶然性和不可预测性，具有强烈的观赏性。

电子竞技游戏的技巧策略性指游戏注重操作技术、游戏策略和团队协作，玩家想要取胜，必须拥有熟练的操作技巧，并通过钻研游戏体系制订高超的游戏策略。游戏战术千变万化，即使使用相同的英雄和道具，也会产生多种多样的战局和结果。大多数电子竞技游戏都是易上手却难精通的。易上手指游戏入门的门槛比较低，大多数人都可以玩。难精通是游戏的深度较深和可玩性丰富，玩家的精彩操作需要天赋和刻苦训练，战术策略也千变万化。易上手和难精通的特点，促进了普通玩家对于高水平职业玩家的崇拜，使得职业选手高水平的竞技对其他人产生了巨大的影响力，为电子竞技形成独特的社会现象和商业模式提供了基础。

电子竞技游戏的公平竞技性指游戏中所有玩家只能依靠操作技术和游戏策略取胜，不能通过充值消费大幅度提升游戏实力。在某些游戏里，玩家可以通过充值消费获得强大的武器和技能，从而大幅提升实力，获得更畅快的游戏体验。在电子竞技游戏中，消费获得的英雄皮肤、铭文等道具只能够很小幅度地改变属性，对游戏结果的影响非常小。在电子竞技游戏中，玩家之间比拼的是游戏操作技巧和游戏策略思想，这也说明了电子竞技是基于人的操作能力和智力的公平竞技运动。

四、电子游戏和电子竞技游戏的分类

目前，电子游戏的分类并没有一个明确的标准，游戏的类型大多是在发展过程中约定俗成的。按照游戏内容和游戏方式，可将游戏分为如下类型：动作游戏、格斗游戏、冒险游戏、动作冒险游戏、角色扮演游戏、模拟游戏、战略游戏、射击游戏、竞速游戏、运动游戏、音乐游戏、益智游戏、战术竞技类游戏等。随着游戏玩法的创新和突破，未来也可能有新的品类产生。

在众多类型的电子游戏之中，有一部分类型的游戏由于具有实时对抗性、技巧策略性和公平竞技性，从而成为电子竞技游戏。目前主流电子竞技游戏的分类见表1-1。

电子竞技游戏是一个广泛的概念，与体育的含义类似。体育是跑步、游泳、足球、排球、篮球等所有运动的统称，电子竞技游戏也是统称，包括了前文提及的RTS、FPS等多种类型的游戏。电子竞技赛事的举办是基于某一款具体的电子竞技游戏产品。

表1-1 目前主流电子竞技游戏的分类

游戏类型	简称	代表游戏
即时战略游戏	RTS	《星际争霸》《魔兽争霸3》
第一人称射击游戏	FPS	CS：GO、《穿越火线》《使命召唤》《守望先锋》《逆战》《穿越火线》手游
多人在线战术竞技游戏	MOBA	DOTA、DOTA2、《英雄联盟》《王者荣耀》《决战平安京》
体育竞技类游戏	SPG	FIFA Online、NBA 2K Online
卡牌游戏	CAG	《炉石传说》《皇室战争》
战术竞技类游戏		《绝地求生》《和平精英》、PUBG MOBILE
休闲游戏		《荒野战队》《球球大作战》
竞速游戏	RAC	《QQ飞车》《QQ飞车手游》
自走棋类游戏		《刀塔自走棋》《云顶之弈》《王者荣耀模拟战》
格斗游戏	FTG	《地下城与勇士》《拳皇》《街头霸王》

五、电子游戏、电子竞技游戏与电子竞技的关系

电子游戏、电子竞技游戏、电子竞技3个概念常常被混淆。

电子游戏指的是所有依托电子设备平台运行的交互游戏。电子竞技游戏是电子游戏中公平竞技属性较强的游戏。电子游戏、电子竞技游戏都是游戏，区别是游戏品类范围大小的不同。从电子游戏到电子竞技游戏，游戏品类和玩法是递减的。电子游戏的玩法体验丰富多彩，除了竞技性以外，玩家可以体验荡气回肠的剧情、放松休闲的娱乐、唯美动人的画面，获得各个方面不同层次的游戏和娱乐体验。电子竞技游戏是电子游戏中竞技性最强、最受竞技玩家欢迎的部分游戏，游戏体验注重公平竞技性。

电子竞技是利用电子竞技游戏的公平竞技特性而发展出的体育运动和新兴产业。电子竞技的影响力可以简单理解为，竞技水平达到绝对顶尖的选手产生的对其他人或社会的巨大影响力，类似于传统体育的明星运动员产生的影响力。电子

竞技产生于电子游戏，但因其自身独特的属性和巨大的影响力，衍生出了超出游戏领域的其他内容产品和产业架构。

从电子竞技游戏到电子竞技，游戏的玩法、操作水平、策略得到极致化的开发与呈现。电子竞技将电子竞技游戏的玩法、策略、对局打造成兼具技巧性与观赏性的竞技娱乐内容，并且对其他游戏玩家产生巨大的影响力，因此在体育、内容、传媒、商业化方面都能够进行深度扩展，从而形成相对独立的电竞产业。电子竞技实际上是以竞技体育为核心的内容产业。

电子游戏与电子竞技的区别有两点：第一，用户体验不同；第二，商业模式不同。电子游戏为用户提供普遍的游戏娱乐体验，而电子竞技为用户提供极致的竞技对抗体验。电子游戏主要提供产品体验，提供丰富多样的玩法体验，为玩家带来快乐——游戏的快乐、胜利的快乐、审美的快乐等。而电子竞技主要提供极致竞技和内容体验，提供高观赏性的电子竞技内容。电子游戏的商业模式是通过消费者为游戏付费实现盈利，电子竞技的商业模式则是通过优质内容吸引用户，以巨大的用户基础吸引赞助、开发内容版权和其他相关产业，从而实现盈利。

第三节　电子竞技的特点

电子竞技运动是一项随着科技的进步和发展而兴起的新兴体育项目，与传统体育项目相比，电子竞技有着许多独有的特点。传统体育运动使用非智能的器械和机械，主要依靠体力和智力在现实空间里进行竞技对抗。而电子竞技运动使用计算机、手机、游戏主机等高科技智能电子设备，在局域网或互联网的支持下，主要依靠智力在游戏虚拟空间里进行竞技对抗。

电子竞技运动的八大特点是公平竞技性、科技进步性、虚拟延展性、广泛参与性、内容观赏性、急速爆发性、迭代传承性、知识产权性。

一、公平竞技性

公平竞技性是电子竞技运动的本质属性。

国际奥林匹克委员会在《奥林匹克宪章》中提出了奥林匹克的宗旨：“奥林匹克运动的宗旨是，通过没有任何歧视、具有奥林匹克精神——以友谊、团结和公平的精神相互了解的体育活动来教育青年，从而为建立一个和平的更美好的世界做出贡献。”

公平竞技的精神是奥林匹克精神的一部分，也是任何体育运动都必须贯彻的精神。公平竞技的原则保障了运动员的权益，同时也是体育运动观赏性、精彩度的保障。体育比赛在公平竞技规则下进行，且参赛选手的运动水平都达到较高的专业水平，才能够呈现出最精彩的高水平竞技。

“更高、更快、更强”的奥林匹克口号体现了人类渴望超越自己、超越他人的原始欲望，高水平运动员之间突破人类运动极限的比拼，才是真正精彩的比赛。在所有竞技体育中，最吸引人的看点就是高超的竞技水平、林立的强队、实力超群的明星、不可预测的比赛结果。电子竞技作为一项新兴的体育运动，公平竞技性是其核心特点，电子竞技运动必须遵循奥林匹克运动的宗旨，秉承公平竞赛的精神。

在传统体育中，对公平性影响最大的是兴奋剂。兴奋剂是运动员为提高竞技能力而使用的能暂时性改变身体条件和精神状态的药物。使用兴奋剂不仅损害奥林匹克精神，破坏运动竞赛的公平原则，而且严重危害运动员的健康。国际奥委会严禁运动员使用兴奋剂。

兴奋剂检查在传统体育比赛中是常规检查，但在电子竞技赛事中，兴奋剂检查还没有被列入赛前常规检查。在雅加达亚运会上，电子竞技运动员道福综合体育运动会的规定进行兴奋剂的检查，而专门的电竞赛事中没有兴奋剂检查。电子竞技是偏重智力的运动，选手需要对局势进行准确的判断和选择策略，而目前的兴奋剂是暂时提升运动员身体机能的，关于兴奋剂能否提高电子竞技运动员成绩这个问题，目前还没有深入的研究。随着电子竞技运动影响力的不断提升，未来的电竞赛事中可能会引入兴奋剂检查或其他类似药物的检查。

影响电子竞技比赛竞技公平性的因素有竞赛环境、设备、软件、网络延迟、选手通话、场外信息泄露等。电子竞技的决定性时刻比传统体育短得多，在一场比赛中，甚至关键性的0.1秒就能够决定整个战局。因此，公平的竞赛环境对电子竞技来说至关重要。根据电子竞技赛事举办形式的不同，保障公平竞赛的规则也各不相同。

（一）线上电竞赛事

线上电竞赛事中，选手身处不同地区，使用的游戏设备、网络设备各不相同，在这种复杂的情况下，要对游戏作弊行为进行监管，难度非常高。线上赛事的公平性，一般是通过游戏内监察机制检测异常数据和游戏外设置裁判的方式来保障。

2020年LPL（英雄联盟职业联赛）春季赛由于处在新冠肺炎疫情防控的特殊时期，为避免人群聚集，该赛事改为线上比赛，通过网络技术和线下裁判对赛事公平进行双重保障。

网络技术方面，IT工程师会全程保障比赛的稳定。比赛前，IT工程师会提前对所有战队俱乐部进行设备和网络测试，针对不同的俱乐部做出相应的措施，提高网络的稳定性。比赛过程中，不允许使用英雄联盟客户端以外的软件。

线下裁判方面，每一场比赛，执行裁判都会亲自到俱乐部监督比赛。裁判会检查比赛用机、队伍名单、外设。比赛室安装了两个摄像头，如果遇到突发情况，主裁判可以通过摄像头远程对现场进行把控。

（二）线下电竞赛事

1.裁判体系

线下电竞赛事中，所有选手在同一场地，使用赛事方提供的游戏设备和同一网络，在现场裁判的严格监督下进行比赛，最大限度保障赛事的公平。

KPL（王者荣耀职业联赛）的裁判在比赛前需要检查游戏设备、外设、游戏软件等，确保从设备到游戏版本再到耳机等方面准确无误。比赛中，除了要关注选手的情况，也要关注场下的替补席。在电竞比赛中，严禁教练对本方比赛选手做出暗示、发出指令。此外，裁判还要确保替补席不给对方比赛选手带来干扰。在裁判的配置上，以KPL总决赛为例，单场比赛场上裁判多达4人，除了执行主裁判和比赛监督之外，每个参赛队伍还各设一个裁判。

在目前的KPL赛事中，120秒被认为是暂停的极限时间，团队要在120秒内解决突发问题，而这依赖KPL的专业保障系统和裁判流程，放眼当下的各种电竞赛事，能够做到这一点的十分罕见。比赛暂停后，裁判团队会抓取设备出现问题的时间节点，将比赛进程调整到出现故障前的历史时间，让比赛双方可以公平地重新开始比赛。

2018年，KPL推出了行业首创的电竞裁判系统，所有的KPL裁判将有标准化、职业化的分级和晋升通道。这套标准化、流程化的电竞裁判体系也被“复制”到了2018年雅加达亚运会的电竞赛场，得到了亚组委的高度认可。

KPL的裁判选拔和培养采取封闭培训的方式，课程包括电竞理论和实际的操作，考试时也分两部分，即笔试和实战演练。联盟会对裁判每场比赛的表现进行打分，分数高的裁判可以值裁高级别赛事，另外打分还会和裁判的收入挂钩。

从2018年4月开始，上海市电子竞技运动协会定期举办裁判培训班，邀请资深电竞裁判和电竞行业资深人士担任专业讲师，通过培训考核的学员将获得上海市电子竞技专业裁判员证书和执裁徽章，获得执裁资格。

2.延时OB系统

在电子竞技比赛中，有时观众看到的画面并非实时比赛画面，而是经过延时OB系统处理后、延迟了一定时间的画面。延迟展示比赛画面，也是保持公平竞技的措施。如果比赛画面是实时的，观众对比赛情况的反馈有可能将对方信息泄露给选手，从而影响赛事公平性。2019年，在泰国举办的绝地求生MET亚洲系列赛中，由于未设置延时，观众能够看到实时比赛画面，并报点给选手，严重影响了比赛的公平性。

3.战局信息保密

为了保证比赛的公平性，防止选手听到对手赛场交流、解说现场讲解、观众呼喊暴露信息等，比赛现场还配备有隔音比赛房、干扰音响，选手需要戴上特殊的隔音耳机。

4.选手间通话监测

团队游戏中，选手作弊会集中地出现在比赛中的内部交流中。对于同一队伍选手间通话的监测，也能够帮助判断选手是否有作弊行为。在顶级电子竞技赛事中，每个战队都会配备语音裁判，以监听战队选手之间的通话，防止作弊行为发生。

5.时光回溯系统

时光回溯系统是指在比赛中发生无法解决的争议性问题时，双方停止比赛，一帧一帧地回溯争议时间段的比赛画面，最终由裁判做出令双方都信服的公平裁定。在比赛中途现故障时，时光回溯系统可以使比赛回到特定的某个时间节点，双方可以回到这个时间点继续比赛。这个功能十分有利于职业赛场，大大减少了职业比赛中场外不可预知性因素对于比赛的影响，对电子竞技的公平性有了更多的保障。

二、科技进步性

科技进步性是指电子竞技运动使用高科技软硬件及智能电子设备进行对抗，电子竞技的形式随着科技的进步而发展。

电子竞技的形态随着科技发展而升级。从最早的PC电竞，到现在如火如荼地发展的移动电竞，再到萌芽阶段的VR电竞，电子竞技是先进科技发展在竞技性和娱乐性上的充分表达。

1972年，世界上第一场有史可考的电竞比赛在斯坦福大学的人工智能实验室里举行，比赛项目是电脑游戏《太空大战》。这场电竞比赛的诞生，得益于计算机技术的发展。

电子计算机的发展经历了四个阶段：第一阶段，电子管计算机；第二阶段，晶体管计算机；第三阶段，集成电路计算机；第四阶段，大规模集成电路计算机。

在大规模集成电路计算机开始发展之际，世界上第一场电竞比赛就紧随科技发展的浪潮应运而生了，这印证了电子竞技的科技性。

20世纪70年代开始，游戏主机技术也渐渐发展成熟。1972年，雅达利（Atari）公司发售了一种平台式大型游戏机“乒乓”（PONG），该游戏机风靡全美。1972至1983年间，雅达利的游戏主机风靡一时，1980年，雅达利举办了最早的大型视频游戏比赛“太空侵略者冠军赛”，在美国吸引了10000多名参赛者，将竞技游戏确立为主流爱好。

2014年，4G在中国正式商用。随着4G和智能手机的普及，移动电竞也在2015年开始流行。

QGC是由QQ手游平台主办、国家体育总局体育信息中心电子竞技部指导支持的移动电竞赛事。2015年4月，第一届QGC赛事首次将“轻电竞”这一概念引入大众视野，相比传统端游电竞的“重”体验模式，“轻电竞”是基于QQ手游平台的社交玩法生态系统衍生出的新型移动电竞模式。2016年，《王者荣耀》职业联赛KPL开始举办，至今已成为全球移动电竞第一赛事。之后，《皇室战争》《和平精英》等风靡全球的手游职业联赛纷纷建立，吸引了无数观众。

2016年开始，VR技术的发展进入了爆发期。顶级VR设备和游戏开发商Oculus、HTC、索尼等公司经过多年的探索，推出了内容体验与交互手段的VR智能设备，且价格更加亲民。自此之后，VR游戏如雨后春笋般纷纷涌现。2017年，英特尔、Oculus、ESL共同推出了VR电子竞技大赛VR League，赛事项目包含多个备受欢迎的VR游戏。

电子竞技的每一次发展都紧随科技发展的脚步，因此，可以说电子竞技是科技发展在娱乐领域的一个缩影。因此，科技进步性是电子竞技的核心属性。

三、虚拟延展性

虚拟延展性是电子竞技区别于传统体育项目的重要属性，分为虚拟性和延展性。传统体育项目大部分都是基于人类本身的体力和智力，在真实的世界中开展的竞技运动。

（一）电子竞技的虚拟性

电子竞技的虚拟性是指人们在进行电子竞技运动时，绝大多数情况下都是进入虚拟世界，在虚拟世界的规则下进行对抗。例如，电子竞技中的射击游戏、极限运动挑战等都是发生在虚拟的环境中，这类游戏和运动中的事件因为法律、安全性的原因，在现实世界中不会发生。

（二）电子竞技的延展性

电子竞技的延展性是指人类通过高科技设备，突破了自身体力和智力的局限，实现全新的突破，发展出了新的能力，这种新能力是人类体力和智力的延展。延展性包括虚拟延展性与现实延展性两方面。

1.虚拟延展性是指，在游戏的虚拟环境中，人类根据想象力，创造出了全新的虚拟世界，在虚拟世界中拥有了现实世界中无法拥有的能力，例如创造魔幻生物、释放魔法和技能等。在即时战略游戏《星际争霸》和《魔兽争霸3》中，玩家通过操纵不同的作战单位，在短时间内组建庞大军团，与对方军团进行对战。玩家在游戏中采集资源，生产兵力，并摧毁对手的所有建筑。通过敲击键盘和鼠标，构建庞大兵团进行对战的想法在虚拟世界中得以延伸实现，这也是电子竞技虚拟延展性的体现。《星际争霸》有着宏大的背景设定，描述了26世纪初期，位于银河系中心的三个种族在克普鲁星际空间中争夺霸权的故事。三个种族分别是地球人的后裔人族（Terran），进化迅速的生物群体虫族（Zerg），以及高度文明并具有心灵力量的远古种族神族（Protoss)。《魔兽争霸3》的背景设定更加宏大复杂，讲述了人类、暗夜精灵、兽人、不死族等几大种族之间斗争与联合的故事。魔兽的背景故事不断更新与完善，形成了完整的魔兽世界编年史，目前魔兽世界官方剧情小说已经出版了20多本，构成了一个庞大而令人向往的魔幻世界。

2.现实延展性是指，人类创造了全新的替代了人类体力和智力的工具设备，代替或辅助人类从事竞技或其他活动。现实延展性的一个生动的例子是F1赛车，虽然F1赛车目前没有被认为是电子竞技。人类可以通过跑步来竞速，跑步是基于人类自身体能的竞技。但是，随着汽车的诞生和发展，人类可以通过制造更快的汽车、练习驾驶技术，在新的模式下用全新的工具来竞速。

未来的电子竞技绝对不局限于虚拟延展性，也可能向现实延展性方向拓展。从目前的拳击比赛到未来可能发生的铁甲钢拳、人类操控机器人对抗，这些都是人类体力和智力的延伸。如果铁甲钢拳的技术实现了，可能另外一种新的电子竞技项目就诞生了。

加拿大原创媒介理论家、思想家马歇尔·麦克卢汉在《理解媒介：论人的延伸》提出了“媒介是人的延伸”的观点，游戏作为一种媒介，也是人的延伸。他在《游戏——人的延伸》一章中说道：“任何游戏，正像任何信息媒介一样，是个人或群体的延伸。它对群体或个人的影响，是使群体或个人尚未如此延伸的部分实现重构。”

正如麦克卢汉理论所阐述的那样，游戏和电竞，正是人类不断追求极限的精神以及身体机能在虚拟世界中的延伸。

人类在竞技体育中，最大限度地挖掘和发挥个人或群体在体力、心理、智力等方面的潜力，攀登运动技术高峰，创造优异运动成绩。电子竞技作为一项竞技体育项目，运动员借助电子设备，也在虚拟世界中最大限度地发掘着自己的潜力。

四、广泛参与性

广泛参与性是指电子竞技入门难度低，对空间、设备的限制要求低，对身体条件要求低，因而更多人都可以广泛地参与其中。在绝大多数情况下，电子竞技只需要一台游戏设备就可以开展竞技活动，不像传统体育运动（例如篮球、游泳、滑雪）那样等受场地和运动装备的限制。

在运动参与方面，电子竞技运动比传统体育运动更加便捷、限制条件很少。

参与一场传统体育的竞技活动的限制条件相对比较多。以足球、篮球、乒乓球等普及性较高的大众运动为例，这些运动需要在足球场、篮球场、乒乓球馆等专业场馆进行，这是空间上的限制；除了空间限制之外，还必须准备好足球、篮球、乒乓球和乒乓球拍等运动设备，穿上适合运动的服装，这是设备上的限制；除了空间限制和设备限制外，运动者还需要具备良好的身体素质，如果身体条件较差、无法进行剧烈运动，则很多体育运动项目都无法参与。即使具备了合适的空间、设备、身体素质条件，要举办传统体育项目的比赛，还必须找到队友和对手一起参与运动。一场正规的篮球赛至少需要10人，而一场正规的足球赛至少需要22人，要找到这么多的人一起进行一场比赛，这在现代快节奏的生活中也是很难实现的一件事。

如果想要在PC电子竞技游戏中进行竞技运动，只需要网络和一台计算机，即可随时在线匹配队友，展开对战。即使没有个人计算机，遍及大街小巷的网吧也能够随时随地满足人们对PC电子竞技的需求。至于参加移动电竞活动，就更加方便了。如今智能手机的普及率很高，几乎人手一部智能手机，只须连接网络，每个人都可以随时随地进入移动电竞游戏中进行对战。并且，电子竞技运动是主要依赖智力的运动，身体素质较差的人甚至残疾人也可以参与其中，与正常人同场竞技。基本上，只要会使用计算机和智能手机，人人都可以参与电子竞技运动，这体现了电子竞技的广泛参与性。

案例1：传统体育选手选拔与电子竞技选手选拔。

传统体育选手选拔

长期以来，传统体育项目选手要经过层层选拔才能够进入国家队。传统体育项目对运动员的身体素质要求极高，运动员必须进入专业团队接受专业训练。通过训练达到一定的水平后，如果在大运会等比赛获得优异成绩，则可以被收录入省队进行训练；在省队表现优异者，就有机会被国家队收录。

2018年1月，国家体育总局印发《国家体育总局关于进一步转变工作作风的若干意见》，提出各国家队、国家集训队应面向社会公开选拔运动员，运动员可以专业队、学校、社会组织、企业、俱乐部或个人名义自由报名参加。参与选拔的运动员在核实无犯罪和不良社会记录且通过政治审查和职业道德审核后，只以运动成绩作为是否入选的唯一标准，不得附带其他任何条件。

无论国家队是面向社会公开选拔还是从省队吸收运动员，要想进入国家队，必须在各项专业赛事中取得优异成绩，难度非常高。

电子竞技选手选拔

相比于传统体育，电子竞技选手的选拔条件相对比较宽松，只要游戏水平足够高，便有机会进入职业电子竞技俱乐部参加专业比赛。

电子竞技发展初期，没有专业的训练选拔体系。来自各行各业、不同背景的电竞游戏爱好者自发组成战队，成为电竞选手，自己组织训练，参加各种比赛。

近年来，电子竞技俱乐部和联盟体制逐渐完善，电竞选手的选拔以电竞俱乐部通过公开招聘方式选拔为主。电竞俱乐部主要以游戏成绩为标准来筛选应聘者。

通过俱乐部的筛选和试训之后，便可以成为一名电竞职业选手，在电竞俱乐部接受正规的训练，有机会参加各级电竞比赛。

五、内容观赏性

根据人们观看体育项目情绪变化的情况，可以将体育分为热体育与冷体育。

调动情绪能力强的体育项目称为热体育，而调动情绪能力弱的体育项目则称为冷体育。人们在观看篮球、足球、排球运动时，经常会因为得分、失分而激动不已，会为支持的队伍激情呐喊、热情助威，因此这些运动属于热体育。而观看棋类运动的时候，心情较为平静，情绪激动地为选手呐喊助威的情况比较少，因此棋类运动属于冷体育。

电子竞技运动同篮球一样，也能够调动人们的情绪，使观众为之激动呐喊，属于热体育。电竞赛场上局势瞬息万变，刚开始领先的队伍可能会落败，而一开始处于劣势的队伍也有可能逆风翻盘，战术和技巧变化多样。高手林立的电竞赛场，不到最后一刻，胜负难以分晓。观众紧张地关注着赛事变化，为赢得比赛的选手欢呼呐喊，为处于劣势的选手大声加油。

观赏性是决定一项体育运动能否成为主流竞技项目的核心因素。足球、篮球、排球三大球之所以成为全世界流行的体育项目，是因为它们具有较高的观赏性。丰富的看点和极高的观赏性使得三大球运动风靡全世界。

相比于三大球，棋类运动比较小众，这是因为棋类运动的身体对抗没有那么激烈，观赏门槛也比较高，要看懂棋类比赛必须具备足够多的棋类运动知识，才能体会到高水平棋类运动员之间较量的精彩之处。棋类运动的观赛视角较为单一，与动态的球类运动相比，静态的棋类运动观赏性相对较低。

电子竞技运动之所以能够迅速成为世界范围内广受欢迎的体育项目，也是源于其极高的内容观赏性。首先，电子竞技游戏画面多彩绚丽，技能操作华丽炫目，极具吸引力。

其次，电子竞技赛事制作中大量运用AR技术、VR技术等高科技技术，赛事舞台搭建、舞美设计与国际最高水平接轨，为观众呈现美轮美奂的视觉效果。

案例2：电竞赛事中的AR技术应用。

增强现实技术（Augmented Reality，AR）是一种实时地计算摄影机影像的位置及角度并加上相应图像、视频、3D模型的技术，近年来在电视节目和电竞赛事直播中越来越常见。

2016年DOTA2国际邀请赛AR表演

AR技术首次应用在电竞赛事中，是在2016年美国西雅图举办的第6届DOTA2国际邀请奏（简称T16）上。在英雄选择阶段，职业选手选择的英雄会通过AR技术呈现在舞台上。虚拟的游戏英雄一字排开，站在现实的舞台上，栩栩如生，虚拟世界与现实世界完美交融，给观众以震撼体验。

2017年英雄联盟全球总决赛AR表演

2017年英雄联盟全球总决赛（简称S7）开幕式中，屏幕前观看直播的观众可以看到，一条远古巨龙从天而降，盘旋一周后降落在舞台中央。这条远古巨龙是通过AR技术制作的，现场观众无法看到。

S7的AR表演获得了第39届体育艾美奖中的最佳直播画面设计奖。艾美奖是美国电视界的最高奖项，其重要性与奥斯卡奖之于电影界和格莱美奖之于音乐界一样。S7中的这段AR表演荣获艾美奖，证明了主流媒体对电子竞技的关注与重视。

2018年王者荣耀职业联赛春季赛总决赛AR表演

2018年王者荣耀职业联赛春季赛总决赛（2018KPL）的开场表演中，知名电竞选手老帅与著名钢琴家郎朗琴合奏《王者战歌》，与此同时，由AR技术呈现的巨鲲在赛场的上空游动飞舞，大气优雅。

案例3：电竞舞台首次引入冰屏。

在由腾讯电竞主办，英雄体育VSPN承办的2019年王者荣耀职业联赛秋季赛总决赛中，为了令广大粉丝们能全身心投入紧张的对战氛围中，英雄体育VSPN在本次KPL总决赛舞美中引入40米×9米的升级版国际级舞美的“冰屏”，并以此冰屏为分界线，将中央舞台一分为二，使对战双方彼此背对、面向观众。冰屏是一种新型的透明LED显示屏，具有透明显示、广视角、侧发光、通透率高等特性。该技术曾在张艺谋执导的冬奥会《北京8分钟》中作为核心演出主体之一惊艳世界，而后往往被运用于《国家宝藏》、卫视春晚等大型电视节目，这是电竞行业中首次运用如此大的冰屏。这块静立时颜色如冰，动起来则透明度极高的LED屏幕，增强了整个开幕式的立体效果。另外，本次总决赛还运用光影对穿的手法，实现了视觉影像与真人同屏呈现。随着冰屏上游戏人物的动作，总决赛对战选手也以独特的方式亮相，冰屏配合现场灯光演绎出丰富的视觉交织的画面，为现场观众带来英轮美奂的立体式视觉冲击。

最后，电子竞技提供了令人耳目一新、意想不到的新奇看点，让观众能够持续获得新鲜的娱乐体验。电子竞技职业选手对游戏机制有着更加深入的理解，在电子竞技赛事中，职业选手常常能够创造出丰富多样的游戏战略和游戏玩法，令观众眼前一亮。在2016年KPL中，AG超玩会的选手梦泪使用英雄韩信，在没有兵线的情况下强行拆除敌方基地水晶展现了史无前例的“无兵线偷水晶”操作。《王者荣耀》游戏制作方因此发现了水晶防御机制的漏洞，在这次比赛之后，游戏官方加强了水晶护盾，并增加了防御塔减伤机制，使得这样的“天秀”操作成为绝响。

综上所述，电子竞技的观赏性体现在美学层面、情绪调动和新奇看点层面，是电子竞技的重要属性，也是电子竞技能够广泛传播和商业化的重要原因。

六、急速爆发性

电子竞技的急速爆发性有下面两重含义。

1.从竞技水平提升角度来看，运动员从开始训练到成为世界冠军的速度快。

电子竞技运动员的训练重点是手脑眼的协调、战术策略以及团队的协作，训练时小规模地调动身体肌肉群，训练频率高可较快提升能力。

传统体育项目的运动员往往在童年时就开始进行训练，努力训练七八年甚至十几年后，才有机会拿到世界冠军。乒乓球运动员刘国梁6岁开始训练，19岁获得世乒赛冠军，历时13年；排球运动员郎平13岁开始训练，22岁获得世锦赛冠军，历时9年。

相比于传统体育运动的选手，电子竞技选手从开始职业生涯到获得世界冠军的时间则要短得多。2013年2月，17岁的韩国英雄联盟职业选手Faker（李相赫）加入SKT战队，开始电子竞技职业生涯，同年12月，Faker就赢得了英雄联盟全球总决赛S3的冠军。从成为职业选手到获得世界冠军，Faker只用了10个月。中国英雄联盟职业选手Jackey Love（喻文波）16岁时成为一名职业选手，18岁便作为IG战队的一员赢得英雄联盟全球总决赛S8的冠军。从成为职业选手到获得世界冠军，JackeyLove只用了2年。

2.从用户积累以及社会影响力来看，电竞赛事的增长速度快。

电子竞技游戏往往有着庞大的用户基础，在还未电竞化之时就已经积累了大量游戏用户。电子游戏电竞化之后，游戏用户能够很快转化为电竞用户，并通过竞技及娱乐化的内容呈现吸引更多新的电竞用户。

DOTA2国际邀请赛（即TI）是电子竞技史上总奖金池最高的比赛。在2011年、2012年举办的最初两届TI中，奖金池仅为160万美元。2013年开始，DOTA2推出了一种叫作“勇士令状”的虚拟道具，玩家每购买一次该道具，系统都会自动从中分出一部分收益加入奖金池中，TI奖金池也因为玩家的热情日益水涨船高。

七、迭代传承性

电子竞技的迭代传承性分为迭代性和传承性。

（一）迭代性

传统体育项目大多具有悠久的历史，并且能够经历数年一直传承下去。以三大球运动为例，足球运动最早可以追溯至东周时期齐国的蹴鞠，是一项传承几千年的运动；而篮球运动和排球运动都起源于19世纪末期，距今已传承一百多年。

电子竞技运动具有迭代性，主流电竞项目随着爆款游戏的变化而更迭，同一款电竞游戏产品自身也会不断修改和迭代。从2000年至今，20余年间主流电子竞技项目不停更换。电子竞技发展早期，《星际争霸》《魔兽争霸3》等RTS游戏和CS、CF等FPS游戏是主流项目；随着DOTA2、《英雄联盟》的问世，MOBA游戏又成为了电子竞技主流项目；智能手机和移动游戏发展成熟后，《王者荣耀》《皇室战争》《和平精英》等移动游戏跻身主流电子竞技项目。

电子竞技主流项目的迭代，究其原因是电子竞技的科技进步性。电子竞技作为科学技术在竞技娱乐方面的缩影，自然会随着科学的不断发展而迭代更新。主流电竞项目的迭代，反映的是PC时代向移动时代过渡的科技趋势以及游戏制作技术和玩法的不断创新。

电子竞技游戏产品自身的迭代，主要体现在新英雄增加、新道具增加、新地图增加、新玩法增加、道具属性更改等，其目的是使游戏平衡性更好，游戏体验更佳。电子竞技游戏版本的迭代对游戏战略有着很大的影响，所谓“一代版本一代神”，正是玩家对这种情况的评价。

（二）传承性

电子竞技的迭代性促进了电子竞技的迅速进步，使其能够在短期内完成职业化和联盟化。通过电竞产品的更迭，新的电竞产品会修正之前的不足，促进电子竞技项目更好地发展。但由于电子竞技的迭代性，电子竞技也面临着竞技项目寿命短的质疑。然而，电子竞技的传承可以是IP的传承，而不仅是某一具体游戏产品的传承。

电子竞技的传承性大多体现在IP的传承上，虽然游戏的类型在发展和改变，但是不同的游戏可以使用同一个IP。魔兽IP的传承就是电子竞技传承性的典型代表。魔兽的故事背景最早产生于暴雪推出的即时战略游戏《魔兽争霸3》。随后，在暴雪出品的多人在线角色扮演游戏《魔兽世界》中，魔兽系列故事的背景与人物有了大规模的完善与丰富，随着《魔兽世界》资料片的更新，魔兽系列故事形成了宏大的世界观体系，“魔兽”也成为了经典IP。随后，暴雪又使用魔兽IP制作了集换式卡牌游戏《炉石传说：魔兽英雄传》。《魔兽争霸3》和《炉石传说》都是流行全世界的电竞项目，虽然它们现在已经不是最主流的电竞项目，但仍然活跃在电子竞技的舞台上。

八、知识产权性

电子竞技的知识产权性，是指电竞游戏的知识版权及IP归游戏开发商所有。举办游戏相关赛事必须获得版权方的授权。在权力分配和组织运作上，知识产权性是电竞与传统体育项目的核心区别。

传统体育项目是没有版权和IP的，例如，举办足球比赛、羽毛球比赛并不需要授权。因此，在传统体育赛事中，赛事联盟和出资方就成为了权力核心，决定了赛事的走向和发展。

在电子竞技赛事中，游戏开发商掌握着游戏版权和IP，处于电竞赛事产业链的顶端。没有游戏开发商的授权，任何第三方都不能举办这款电竞游戏的比赛。游戏开发商大多自己组建赛事联盟，招商引资，对电竞赛事的发展和未来有着绝对的掌控地位。

在电子竞技发展初期，游戏厂商对游戏的知识版权和IP进行电竞开发，能够使电子竞技赛事得到更多的保护和支持，促进电子竞技产业的规范化。当电子竞技产业发展到一定规模时，大量资本的涌入、技术的飞速发展，能够催生更多高质量的电竞赛事，但如果没有游戏厂商的授权，即使拥有充足的资金和完备的技术，也无法举办电竞赛事。电子竞技的知识版权属性与产业发展模式关系密切，是电子竞技产业发展的重要影响因素。

未来，游戏厂商独立开发掌握电竞IP的模式或许会发生改变，游戏厂商可以采取与电竞运营商进行IP共建的方式，为电竞IP注入发展活力。在PEL（和平精英职业联赛）的运营中，腾讯游戏选择与PEL的电竞运营商英雄体育VSPN进行合作，共同建设开发PEL版权IP，共同享有电竞版权。游戏厂商通过IP共建，激发电竞运营商的潜力，使提供更加专业、更加多样化的IP运营方案，能够最大化地扩大赛事IP影响力，使赛事IP产生更大的商业价值。

案例4：暴雪与KeSPA的知识产权纠纷。

1997年，暴雪推出了即时战略游戏《星际争霸》，这项游戏在韩国风靡一时。韩国职业电子竞技协会（KeSPA）通过成功运作《星际争霸》赛事产业，收获了极高的利润，使得韩国电子竞技行业发展居世界领先地位。

2010年10月，暴雪在韩国召开新闻发布会，要求对电视台收取少量的《星际争霸》授权费，并使其承认知识产权。暴雪称："KeSPA从2007年开始，以直播职业联赛的名义连续三年内收取了总计17亿韩元（约合人民币990万元）的直播费。它们没有这个权利收取这种费用。暴雪为开发《星际争霸》投入了大笔的资金。将其变为公共所有物，是公然蔑视和侵犯开发者的知识产权，这势必会减少以后对游戏创意的投资和开发信心与动力。"

为了维护《星际争霸》的知识产权，暴雪向MBC Game和On Game Net发起了法律诉讼。2011年，暴雪与这两家公司达成了协议，暴雪许可电视频道转播《星际争霸》的比赛，同时收取版权费。两家公司同意在《星际争霸》赛事播出时挂出暴雪LOGO，并且每年向暴雪支付许可费用。

第四节　电子竞技与传统体育

从体育诞生开始，体育的内涵和形态就一直在不断地变化发展。从跑步、跳远等简单的体育运动，到帆船、围棋等借助其他器械进行的体育运动，体育的形式随着科学技术的发展不断丰富。电子竞技是随着科技发展而产生的一项年轻的体育项目，它和其他体育运动项目有着很多共同特征，也具有与大多数体育运动项目迥异的特点。

一、电子竞技与传统体育的共同点

电子竞技与传统体育的共同点有三点：第一，电子竞技与传统体育都是体育运动；第二，电子竞技与传统体育的核心精神都是公平竞技；第三，电子竞技与传统体育运动一样，受到亚运会等重要国际性体育赛事的认可。关于前两点，前文都已进行了论述。

国际奥委会近年来一直保持着对电子竞技的关注。

2018年7月21日，在洛桑电竞论坛上，国际奥委会和国际单项体育联合会宣布将成立一个新的电子竞技联络小组。2019年6月，首届电子竞技联络小组会议在美国洛杉矶召开，会议形成了国际奥委会对电子竞技未来发展的5大主要方向。

2019年11月，国际奥委会在瑞士洛桑召开电子竞技联络小组会议，主要议题包括：结合体育和游戏，鼓励青年参与体育项目和锻炼；模拟运动和在电子游戏中宣传体育运动；将游戏和电子竞技均衡融入生活；运动员支持；数字化介入。会议上还讨论了国际奥委会参与电子竞技发展的10项具体措施。

2019年12月6日，国际电子竞技联合会（Global Esports Federation，GEF）在新加坡正式成立。这是全球范围内成立的第一家国际电子竞技单项组织，GEF在成立后的第一份宣言中发出“用电竞连接世界”的呼吁。GEF的成立，意味着电子竞技向着成为奥运会正式项目的目标又迈出了一大步。

单项体育运动要想成为奥运会正式项目，必须满足以下3个关键条件。

1.这个单项运动要拥有被证明的全球群众基础。《奥林匹克宪章》规定，运动大项要列入夏季奥运会的比赛项目，必须有公认的国际基础，至少要在75个国家和4大洲的男子中以及至少在40个国家和3大洲的女子中广泛开展运动项目，才可以列入夏季奥运会比赛项目。

2.设立一个代表此单项运动的国际协会，并成功举办世界性综合比赛。GEF正是在全球范围内成立的国际电子竞技单项组织，这意味着电子竞技向正式进入奥运会的目标迈出了有力的一步。

3.国际奥委会认可这一协会成为国际体育单项协会之一，并由协会申请项目加入奥运会。

GEF的成立对电子竞技而言具有重要的意义，使电子竞技作为一项体育运动向更专业、更深层次领域跨出重要一步，也能够引领全球范围内的电子竞技运动朝着正确和健康的方向发展。

现在，“电子竞技是体育运动”已经是毋庸置疑的事实。蓬勃发展中的电子竞技运动，终有一天也将登上奥运会的舞台，向全世界体育爱好者展示电子竞技运动的魅力。

二、电子竞技与传统体育的区别

电子竞技是科技发展的产物，其运动器械是高科技软硬件设备，这使得电子竞技与传统体育有着很大的区别。电子竞技与传统体育的区别，主要体现在入门要求、体力要求、运动空间、获得世界冠军所需时间4方面。

（一）入门要求

传统体育职业运动的入门要求很高，由于传统体育项目大多运动强度非常高，需要运动员具有很好的身体条件和身体素质，例如篮球运动一般需要身高较高的运动员，而体操运动则一般需要身材相对矮小、体重较轻的运动员。

电子竞技职业运动的入门条件相对比较宽松，几乎没有门槛，只要游戏水平足够高，无论什么年龄、什么职业，都有机会通过电子竞技俱乐部的招募成为职业选手。

（二）体力要求

传统体育属于重体力运动，对运动员的体力要求很高，需要进行高强度的体能训练。以游泳运动员的训练为例，菲尔普斯每周的训练量是8万米到10万米，每周训练7天，没有休息日。

电子竞技属于轻体力、重智力的运动，对运动员的反应能力和游戏技巧要求比较高。因此，身体有残疾的选手和身体健康的选手能够同台竞技。《魔兽争霸3》传奇级亡灵选手Space是一名受到粉丝们爱戴的韩国选手。他在11岁时被诊断患有肌肉萎缩症，除了脖子、手指之外，身体所有部位都失去了活动能力，但是他以顽强的意志成为职业选手，与身体健康的职业选手同场竞技，在《魔兽争霸3》职业比赛中贡献了无数精彩的场面。

（三）运动空间

传统体育运动在现实世界中进行，往往需要特殊的场地才能展开运动。受制于运动空间的特殊要求，某些传统体育项目无法在大众中普及。

电子竞技运动是发生于游戏虚拟空间中的竞技活动。如今，智能手机、个人电脑的普及度已经很高，只要有手机、电脑、网络，即可随时随地进入电子竞技游戏。电子竞技运动对空间几乎没有特殊要求，理论上，有网络的地方都可以开展电子竞技运动，这使得电子竞技能够很快在大众中普及开来。

（四）获得世界冠军所需时间

传统体育职业运动员要获得世界冠军，往往需要经过许多年的训练，难度比较高。电子竞技职业选手从开始训练到获得世界冠军，所需的时间相对较短。与传统体育运动相比，电子竞技是一项入门相对容易、对身体条件要求比较低、对运动场地没有特殊限制的体育运动，兼具普及性与休闲性。

三、大肌肉运动与小肌肉运动

传统体育运动大多是身体各部分肌肉协调的“大肌肉”运动，而目前，电子竞技主要是手、脑、眼协调的“小肌肉”运动。传统体育运动和电子竞技运动在肌肉群使用上有较大的差异，这是目前电子竞技在主流体育界没有受到普遍认可的主要原因之一。主流观点普遍认为，传统体育之所以能够称为体育，主要是因为它具有强身健体的功能。但是目前的电子竞技更加倾向于调用小肌肉群的智力型运动，类似于棋类运动，对于身体的大肌肉群没有起到锻炼效果，因而不被认为是严格意义上的传统体育运动。

基于电子竞技小肌肉运动的特点，要判断一个电子竞技运动员是否有天赋就比较困难。而判断传统体育运动的运动员是否有天赋，主要是评判其先天的身体素质和后期训练对于身体素质的加强，有时身高、身体平衡能力等先天因素直接决定了一个传统体育运动员的未来。而电子竞技的天赋既体现在对游戏的理解上，又体现在选手的战略战术能力、临场应变能力、团队配合能力等方面。总而言之，电子竞技的天赋是一种综合性的素质，因此除专业的电竞教练之外，其他人很难看出某一个运动员是否具有电子竞技天赋。

从人们的普遍认知来看，电子竞技对于神经系统和反应能力应具有一定的锻炼效果，但目前还没有充分的研究结果能够证明。未来随着科技的发展，尤其是VR技术的发展，电子竞技有可能会涉及像传统体育一样的大肌肉运动，到那时，关于“电子竞技是否是体育运动”的争议或许会消失。

第五节　科技进步与体育发展

一、体育发展阶段的划分

从古至今，体育的形态一直在发展变化。随着科技的进步，科学技术越来越多地被应用到体育运动中，体育项目的形式也从一开始人类体能的单纯比拼，发展出许多人与器械结合进行比拼的项目。

随着科学技术被越来越深入地应用到体育当中，体育运动的发展经历了人本生理体育、简单器械体育、复杂机械体育、电子体育这几个阶段。未来，体育运动的形态将发展为融合体育。体育发展阶段中的各个阶段没有以明确的时间点进行划分，不同阶段产生的不同性质体育项目之间也很少发生绝对替代，更多的是共同存在和相互促进，满足人类的不同竞技需求。

（一）人本生理体育

人本生理体育是指人类不借助任何器械增强身体机能，依靠自身的体力和智力而展开的体育运动，例如跑步、跳远、游泳等运动。在人本生理体育中，也有人类和动物配合共同参与的体育项目，例如马术运动，在奥运会上马术选手和马一起领奖。

（二）简单器械体育

简单器械体育是指人类利用简单器械和自身的体力和智力而展开的体育运动，例如篮球、足球、排球、乒乓球等运动。简单器械是指结构简单、无法产生动力且对比赛结果不产生决定性影响的器械。在简单器械体育运动中，人类自身的体力和智力对比赛结果产生决定性的影响，运动器械对比赛结果的影响极小。例如篮球运动，要想赢得篮球比赛，篮球运动员必须拥有良好的体力和娴熟的技术，运动员的技术水平决定了比赛的成败，篮球的好坏对比赛结果并不会产生决定性影响　棋牌类运动是简单器械中偏重智力对抗的运动。

（三）复杂机械体育

复杂机械体育是指人类利用复杂机械和自身的体力和智力而展开的体育运动，例如F1赛车运动、摩托艇运动、帆船运动等。复杂机械是指结构复杂精密、对比赛结果产生重要影响的机械。

复杂机械是人的体力和智力在现实世界中的延伸，它能将人的能力放大，使人能够达到仅靠自身体能达不到的速度和高度。例如，在F1赛车运动中，人利用高科技赛车装备，放大了自己的身体机能，因而能够超越身体本身的限制而进行高速竞赛。

（四）电子体育

电子体育是指人类利用高科技电子软硬件设备和自身的体力和智力而展开的运动，例电子竞技。

高科技电子设备能够使人的体力和智力在虚拟世界中延伸，让人在虚拟世界中做到在现实世界无法做到的事情，例如让人化身为拥有魔法的英雄或军团领袖，与“敌方”进行对抗。在电子体育阶段，人类的竞技空间首次从现实世界进入虚拟世界。人类的智力判断、反应速度和与智能设备的配合程度在竞技过程中起到了决定性作用。

（五）融合体育

融合体育是体育发展的未来，科技成果将更深入地融入体育运动，人类的体力和智力将与综合性虚拟现实设备结合，激发出无限潜力。人类对于先进科技设备的快速适应能力，或许也将在基因中进行传承。复杂机械体育和电子体育的出现，与科技的进步和机械电子产品的发明革新紧密相关。除去科技方面，融合体育的另一个发展方向是生物方向，即利用新技术对人的身体机能进行强化，然后进行体育竞赛。

二、科技进步与新体育的诞生

新的机械产品或电子产品产生之后，往往需要十几年甚至几十年才会发展成为体育运动项目。新的产品在大众中普及需要时间，在拥有广泛的受众群体之后，才会逐步发展成为体育运动项目，举办体育比赛。

未来，随着科技的进步，体育的形式或许还会发生改变。5G技术、VR技术、AR技术、AI技术以及云技术等高科技技术将与体育运动进行结合，人的体力和智力将通过高科技设备进行无限的延伸，这种延伸会比现在的现实延伸和虚拟延伸都更加广阔，并且能够做到同时在虚拟世界和现实世界中延伸。

例如，动漫作品中出现的机械战士高达就是融合体育的一种展现形式。人类驾驭配备高科技系统的铁甲进行对抗，通过操作系统判断战斗情况，通过铁甲钢拳进行实际战斗，将科技与机械深度结合，人的体力和智力最大限度地进行延伸。VR版本的CS类游戏，也是融合体育的一种雏形。人穿戴VR智能设备进入虚拟游戏世界进行竞赛，同时也需要在现实场景进行动作以发动游戏内的动作，竞技场景是虚拟世界和现实世界的结合。

三、科技进步与体育发展的关系

当科技进步的成果进入体育中，体育形式就会产生新的变化，但需要一定的时间，这种新的变化才会被广泛认可。

1896年，第1届夏季奥运会举行时，比赛项目只有9个大项、43个小项；2016年，第31届夏季奥运会举行时，比赛项目已经增加到28个大项、304个小项。120年间，夏季奥运会增加了261个项目。一开始，奥运会只有田径、体操、游泳等纯粹依靠人类体能和智力的运动项目，随着科技进步的成果融入体育运动中，赛艇、帆船等运动也进入了奥运会。2020年东京奥运会上，滑板、轮滑等运动也成为了正式比赛项目。赛车运动、摩托车运动诞生之初，也是受众范围较小的新兴体育项目，但如今已经发展为受众广泛、影响力巨大的成熟体育运动。这在一定程度上反映了新兴体育项目发展的趋势和方向。

电子竞技是先进科技在体育竞技上的表现形式，但这项新兴体育要成为被大众广泛认可的体育运动，还需要更多时间。未来可能还会产生其他形式的体育运动，新的体育运动一开始也必然会受到质疑。即使现在认同电子竞技是体育运动的人，在科技发展更加先进的未来，或许会质疑另外一种新兴体育。

随着科技的发展，体育运动的形态必然会升级演化、不断进步。我们期待着未来全新的体育运动形式激发出人类更多的潜力，让“更高、更快、更强”的竞技精神长久流传。

第二章　电子竞技的发展历程

在研究电子竞技理论和发展历程时，研究者通常会面临这样几个问题：电子竞技发展时间短，缺少理论基础和研究资料；近十年来，电子竞技发展很快，产生了很多新的电竞项目和竞技形式；行业内从业者对于同一概念和事物的认知标准也不统一。

第一节　令人应接不暇的电子竞技发展

在最近十年中，电竞项目从早期的RTS游戏和FPS游戏（如《星际争霸》《魔兽争霸3》《反恐精英》等），发展到DOTA、DO7A2、《英雄联盟》、《王者荣耀》等MOBA类游戏，游戏终端也从电脑端扩展到了移动端。PC电竞向移动电竞发展的过程是电竞行业发展演变的一个有趣的缩影。早些年，PC电竞曾被传统体育者质疑其体育身份——坐在电脑前打游戏也能算体育？但在电竞行业内，人们还是一致认可PC电竞是体育项目。随着4G网络的发展和移动终端的普及，尤其是智能手机的普及，移动电竞应运而生。有趣的是，像之前传统体育者质疑PC电竞的体育身份一样，一些PC电竞的爱好者开始质疑移动电竞的电竞身份一差手机也能算电竞？在一段时期内，移动电竞确实想证明自己也是电竞，但随着移动电竞用户群体的迅速崛起，PC电竞玩家对移动电竞的质疑已经不重要了。

在外界人士尤其是传统体育者看来，这种现象是很奇怪的。传统体育尚且没有完全认可电竞，怎么电竞内部却相互质疑起来了。有些电竞人士也在慨叹，PC电竞与移动电竞“本是同根生，相煎何太急”。随着VR、AR等技术的发展，新的终端一定会催生新的电竞产品。这些新生的VR、AR电竞也可能在未来被质疑不是电竞，而这个质疑的本身也很快就会变得不那么重要了。

电子竞技具有科技进步性的特点，像其他高科技产品一样，电竞的发展变化令人应接不暇。面对电子竞技的发展，从业者是否只能走一步看一步，完全由科技发展做主？在科技发展影响的因素之外，电竞不断迭代发展的过程是否有其他的规律可循？这是电竞产业和从业者始终需要关注的问题。对于电子竞技发展历程和发展堂动力的研究，也有助于人们横向对比研究其他高科技行业的发展规律。

第二节　电子竞技的起源与发展

电子竞技是一项蓬勃发展的新兴运动，因此现阶段对于电子竞技发展历程的描述，都只是基于本书写作时（2021年左右）对电竞发展历史的总结，很难反映电子竞技未来发展的全貌。一般来说，每过一两年的时间，电子竞技就会有全新的发展与进步。

一、萌芽阶段（1972—1989年）

在电子竞技发展的萌芽阶段，电子游戏和电子游戏比赛都是刚刚萌生的新鲜事物，小规模的电子游戏比赛为电子竞技的成长打下了坚实的基础。

（一）最早的电子游戏比赛

20世纪60年代至20世纪70年代，计算机技术有了很大发展，大规模集成电路计算机诞生，计算机的体积、重量、功耗进一步减小，运算速度、存储容量、可靠性都有了很大提高。计算机技术的进步为电子游戏的产生奠定了良好基础。

1962年，麻省理工学院的学生Steve Russell和几位同学一起设计了一款双人射击游戏SpaceWar，玩家使用各种武器设法击毁对方的太空船，它是世界上第一款真正意义上具有娱乐性质的双人电子射击游戏。

世界上最早的电子游戏比赛诞生于1972年。1972年10月19日，SpaceWar游戏比赛在斯坦福大学举行，游戏的大奖是一年的《滚石》杂志。斯坦福大学的学生们参与了这次比赛。这是有史可循的第一场具有竞技性质的电子游戏比赛，是电子竞技赛事发展的萌芽。

（二）最早的大型游戏比赛

20世纪70年代至20世纪80年代，美国雅达利、日本任天堂出品的家用游戏主机和街机开始风靡，主机游戏比赛和街机游戏比赛也随之发展。1977年，雅达利2600游戏机问世，创造了游戏卡带运营的模式，引发轰动。在此之前，游戏都是绑定在游戏主机上，而且一台游戏主机上只有一个游戏，只能重复玩同一款游戏，想要玩新游戏就需要再买一台游戏主机。而卡带的出现，使得不同游戏都能够在一台游戏主机上运行，大大降低了游戏成本。《太空侵略者》《冒险》《战斗》《太空浩劫》《寻剑》等游戏，都是雅达利2600游戏机上的经典游戏。

1980年雅达利举办的《太空侵略者》锦标赛是最早的大型游戏比赛，在美国吸引了10000多名参与者，正是从这场比赛开始，人们将竞技游戏确立为主流爱好。

（三）第一款电竞游戏

1988年，一款多人竞技的互联网计算机游戏出现了，名为Netrek最多可以容纳多达16名玩家联网对战，是实时策略游戏的鼻祖。Netrek以《星际迷航》为游戏背景，玩家将接管联邦、克林贡人、罗慕兰人或猎户座的角色，并征服一个由40个行星组成的星系。1993年，《连线》杂志将Atetrek评为“第一款电竞游戏”。

二、发展阶段

在电子竞技的发展阶段，区域性游戏巡回赛、大型赛事逐渐增多，许多因玩家兴趣驱动的电竞赛事诞生。在这一阶段，电子竞技还是游戏厂商推广游戏主机或者游戏的一种营销方式，游戏推广的需求和玩家的热爱是这一阶段电子竞技发展的两大动力。

（一）任天堂世界锦标赛

20世纪80年代开始，任天堂的家用游戏机开始风靡世界，《魂斗罗》《超级玛丽》《坦克大战》等如雷贯耳的游戏都是任天堂游戏机上的经典游戏。

1990年，任天堂为了推广其游戏主机，举办了首届任天堂世界锦标赛，这场比赛在美国29个城市举办，为了这次比赛，任天堂为特别制作了一个时限为6分21秒的特殊卡带，包含《超级马里奥兄弟》、Red Racer和《俄罗斯方块》3款游戏。

任天堂将玩家分为“11岁及以下”“12—17岁”“18岁以上”3个组别进行比赛。参赛者要先在所在城市进行预选赛，获得冠军的玩家将赢得一座奖杯、250美元奖金以及决赛的入场券。由于洛杉矶连续进行了两周预选赛，因此共有90名参赛者入围最终决赛。经过决赛中的激烈角逐，3个组的比赛冠军分别由Jeff Hansen、Thor Aeckerlund、Robert Whiteman获得。虽然官方没有举办3人之间的比赛，但据说3位冠军在比赛结束后私下进行了比试，最后由Thor Aeckerlund夺得第一名。

1990年之后，任天堂又 办了3届锦标赛，分别是2015年举办的第2届任天堂世界锦标赛、2017年举办的第3届任天堂世界锦标赛以及2019年举办的第4届任天堂世界锦标赛。任天堂举办世界锦标赛的主要目的是品牌推广营销，而不是建立职业化电子竞技赛事体系。

（二）Evo

Evo（Evolution Championship Series）是世界最大级别的全球性格斗游戏电竞赛事，赛事采用双败淘汰制，每年举办一次，来自世界各地的格斗游戏爱好者都会参与比赛。

Evo创立于1996年，其创立者是Tom Cannon，他同时也是格斗游戏专业情报网站Shoryuken的创始人。1996年，首届Evo比赛在美国加利福尼亚州举行，有40人参加，比赛项目是《超级街霸2 Turbo》和《街霸Alpha2》。第一届赛事名为Battle by the Bay，到2002年正式更名为Evo。

Evo的参与人数增长迅速。1996年仅有40人参赛；到2009年，参赛人数已有1000多人；2019年，仅《任天堂明星大乱斗特别版》一个项目的参赛人数就有3492人，所有项目总参赛人数达到14321人。

Evo的诞生源于格斗游戏玩家的热情，后来才逐渐发展成为专业的电竞赛事，由电竞 运营商进行规范化运营，为格斗游戏爱好者提供格斗类电竞内容。

（三）QuakeCon

Quakecon是北美最大的局域网赛事，也是世界上最大的免费局域网赛事，它是一个BYOC（自己带自己的电脑）性质的电脑游戏赛事，每年举办一次。Quakecon的名字是以Id Software的游戏《雷神之锤》命名的，赛事旨在庆祝推广Id Software游戏工作室的成功。

Quakecon几乎所有的工作人员，从赛事策划到执行人员全都是志愿者，每年有1000多名志愿者组成赛事工作组，为赛事服务。因此，Quakecon被称为“游戏界的伍 德斯托克节”，或者“和平、友爱和战斗”的一周。

第1届Quakecon于1996年8月在美国得克萨斯州加兰市举办。得克萨斯州达拉斯的《雷神之锤》玩家吉米·艾尔森组织了一个达拉斯区域的游戏社群，在离Id Software的办公室只有1—2英里（1英里泛1.6千米）的旅馆里举行了这次比赛。有100多人带着自己的电脑来到举办赛事的旅馆，他们在旅馆的房间内搭建起了一个小型网络，一起进行《雷神之锤I》和《毁灭战士》的游戏比赛。第一天赛事，Id Software的全体工作人员来到赛场，编写了《毁灭战士》和《雷神之锤》的Id程序员约翰·卡马克与玩家进行了一个小时左右的座谈会，听取玩家对游戏的建议，这些意见中的一部分后来成为了《雷神之锤》的更新。

Quakocon前几年的赛巾主要由吉米，艾尔森策划组织，后来越来越多的玩家志愿参与到赛申组织中，分成不同的小组，调试赛事所用的设备和网络、解决各种问题。现在Quakocon除了举行比赛，各大公司也会前来展示最新游戏和硬件。

Quakecon是玩家兴趣驱动而产生的电竞赛事，是电子竞技发展阶段的典型代表赛事。

三、成熟阶段（2000年至今）

电子竞技发展成熟阶段的显著特征是电竞活动全球化、电竞组织职业化以及电子竞技产业化。21世纪，互联网技术有了很大进步，个人电脑和智能手机的普及率显著提高，这为全球化的电子竞技赛事奠定了基础。电子竞技的影响力遍及全球，世界各地区的电子竞技选手能够同场竞技，为全球观众展现电子竞技的巅峰对决。

这一阶段电子竞技赛事的形态，由第三方赛事林立的局面逐渐变为游戏厂商主导的职业化电竞赛事。

（一）第三方电竞赛事

21世纪初期，出现了一些著名的第三方电竞赛事品牌，其中最受玩家推崇的是世界三大赛事——WCG、CPL、ESWC。

1.WCG

WCG（World Cyber Games）的中文名称是世界电子竞技大赛，创立于2000年，是一项全球性的电子竞技赛事，由韩国国际电子营销公司主办，由韩国三星集团提供主要赞助。WCG以“Beyond the game”为口号，以推动电子竞技的全球发展为目标，被玩家称为“电子竞技的奥林匹克”。

2000年，第1届WCG在韩国汉城（现首尔）举办，比赛邀请了17个国家和地区的电子竞技选手参赛，比赛项目有《星际争霸：母巢之战》、Quake3：Arena、《帝国时代2》和响2000。中国有6名选手参赛，但并未取得成绩。

从2000年至2012年，WCG连续举办13届，于2013年宣布停办。2010年以前，WCG的主要赞助商是三星显示器部门，三星集团为了世界性扩张，不计成本地宣传推广，将WCG作为市场推广的重点项目打造成世界级巅峰赛事。2010年以后，WCG的主要赞助商换成了三星手机部门，而WCG的游戏项目几乎都是PC游戏，无法为三星手机进行良好的市场推广。由此，耗资甚巨的WCG已经无法满足三星的市场营销需求，因此三星停止了赞助，WCG宣布停办。

2019年，由三星赞助的WCG再次举办，总决赛落户中国西安。然而，在职业化电竞成熟发展的今天，英雄联盟系列赛事等专业的顶级赛事已经占据了主流电竞市场，重启的WCG未能延续之前的辉煌。

中国电竞选手的元老们都曾征战WCG并取得非凡成绩。2001年第2届WCG，中国星际争霸选手马天元（MTY）和韦奇迪（DEEP）获得《星际争霸》2v2项目冠军，这是中国的第一个知名电子竞技国际赛事冠军，2005年WCG，中国选手Sky（李晓峰）赢得《魔兽争霸3》项目冠军。2006年WCG，Sky继续横扫世界顶级选手，卫冕了《魔兽争霸3》项目的冠军，成为世界闻名的魔兽“人皇”，向全球电子竞技爱好者展示了中国电子竞技的超强实力。

2.CPL

CPL（Cyberathlete Professional League）的中文名称为职业电子竞技联盟，由

美国股票经纪人及银行投资者Angel Munoz创立于1997年。Angel Munoz敏锐地抓住了电竞这个新兴行业的商机，辞去了金融行业的工作，创立CPL并进行商业化运作。

1997年10月31日，CPL举办了第一次正式赛事，比赛项目为《雷神之锤》。随后，CPL接连打造了《雷神之锤》系列赛事，逐步确立了夏季赛和冬季赛传统，并制定了许多沿用至今的电竞比赛规则。2000年，CPL引入CS项目，推动了CS在欧美地区的流行，将CPL赛事推向巅峰。2005年，CPL举办了百万美元赛事，如此巨额的奖金在当时首屈一指。

然而，为了迎合赞助商需求，CPL放弃了一些主流游戏项目，2008年3月14日，CPL正式宣布停止运营；8月，Angel Munoz将CPL转让给阿联酋的投资公司。2011年，CPL回归，并在2011—2013年连续3年落户中国沈阳，比赛项目也由以FPS为主转为当时最流行的《星际争霸2》《英雄联盟》和。DOTA。但是，纯挂名的新CPL吸引不到赞助商，CPL于2013年停办。

CPL作为美国电子竞技的先驱，总结了先进的电子竞技赛事执行方法，树立了专业电子竞技行业的标准，为电子竞技产业留下了宝贵的经验。

3.ESWC

ESWC（Electronic Sport World Cup）的中文名称是电子竞技世界杯，起源于法国，前身为欧洲传统电子竞技赛事Lan Arena。ESWC由包括中国在内的11个理事国发起，目前已成为超过60个合作伙伴共同参与的全球性电子竞技赛事。

2003年，第一届ESWC在Futuroscope举办，ESWC中国组委会选拔出了7名选手代表中国出征世界总决赛。

2004年，ESWC推广到了49个国家，比赛获得了极大的成功。共有10万名现场观看决赛的观众、150万名在网上观看视频的观众、25万欧元总奖金、5500万次网页浏览量，这样的数据即使放在十几年后的现在也是一个很了不起的成绩。

2005年，ESWC总计有超过60个国家参赛，巩固了其行业领跑位置，ESWC中国区预选赛在当时一举成为中国范围内举办的规模最大、水平最高的电子竞技盛会，有超过1万名玩家报名参赛。

2006—2008年，由于经济危机的影响，ESWC多次拖欠选手奖金，最终于2008年宣布破产。之后，ESWC的版权多次易手，2012年Oxent正式宣布从Games Solution公司手中购得ESWC所有权，并将ESWC重新带回法国，但影响力已经不如从前。

（二）职业化电竞赛事

伴随着第三方赛事品牌的辉煌相继落幕，游戏厂商纷纷入场电竞，开始建立职业化电竞赛事体系，逐渐在电子竞技产业中占据了主导地位，英雄联盟系列赛事是职业电竞赛事中的典型代表，王者荣　赛事KPL、和平精英赛事PEL则是移动电竞的典型代表。下面以英雄联盟为例，简单介绍全球赛事体系的情况。

英雄联盟（简称LOL）是由美国拳头游戏（RiotGames）开发的游戏。英雄联盟打造了覆盖全世界的电子竞技赛事体系，由地区性联赛与三大世界级赛事——全球总决赛、季中冠军赛、All Star全明星赛组成，形成了自己独有的电子竞技赛事体系。

英雄联盟全球主要赛区分别是：中国大陆赛区LPL、韩国赛区LCK、欧洲赛区LEC、北美赛区LCS、东南亚赛区PCS、拉丁美洲赛区LK、大洋洲LCO、独联体赛区LCL、土耳其赛区TCL、日本赛区LJL、巴西赛区CBLOL、越南赛区VCS。

英雄联盟全球总决赛（又称S赛）于每年10月至11月举办，参赛者是来自各大赛区最顶尖水平的战队，只有在每一年的职业联赛中表现最出色的战队才有资格参赛，每个赛区根据规模和水平决定其在总决赛当中的名额。2011年至2021年，英雄联盟全球总决赛已经连续举办了9年。

英雄联盟季中冠军赛创立于2015年，举办时间为每年5月，每个赛区春季赛（第一赛季）的季后赛冠军倾邀参赛。

英雄联盟全明星赛于2013年开始举办，参赛选手均是由各赛区观众投票选出的明星选手，按照赛区组成明星队，进行比赛。赛事中，除了明星队的正赛较量外，还有诸如克隆模式、无限火力、双人共玩、SOL。赛等娱乐模式。

英雄联盟以其富有活力的赛事体系，收获了全球玩家的热爱，英雄联盟赛事也自然成为全世界最有影响力的顶级赛事之一。

第三节　国外电子竞技的发展历程

一、韩国电子竞技的发展历程

韩国的电子竞技产业在20世纪90年代就已经开始发展，在很长一段时间内，韩国都是领跑全球电子竞技产业的佼佼者。

韩国的电子竞技产业发展于20世纪末期。1997年，亚洲金融风暴使韩国经济遭受了空前的打击。此前韩国国民经济的支柱产业以出口为主，所以很容易受世界经济环境变化的影响。金融危机之后，韩国政府转变了经济发展的模式，开始大力扶持一批不太受资源、土地等因素制约的新兴产业，例如电影电视产业和电子竞技产业。在政府的大力扶持下，韩国电子竞技产业开始迅速崛起。

（一）发展背景与产业模式

早期韩国的电子竞技产业模式是政府、产业协会、电视台共同协作，近几年直播平台兴起，游戏厂商在电竞方面不断发力，韩国电子竞技产业形成了汇集游戏厂商、电竞联赛、直播平台、电竞战队、职业选手、赞助品牌、观众的电竞产业价值链。

1998年，暴雪公司推出了风靡全球的即时战略游戏《星际争霸》，这款游戏在韩国的销量尤为突出。1999年，韩国正式启动宽带加速计划，大规模建设全国范围的互联网高速接入，韩国由此成为了世界上网速最快的国家。与此同时，韩国政府也在积极推动全国网吧建设，发展网吧文化。基础通信业的发达与网吧的普及，使电子竞技游戏成为一种低廉且大众化的娱乐消费。于是，韩国迅速建立起了《星际争霸》为核心的电子竞技产业链。

1999年，韩国文化部赞助成立韩国游戏推广协会（KPA）；2000年，KPA更名为KeSPA（Korea eSports Association），专门负责管理电子竞技行业，是韩国电子竞技高速发展的坚实后盾。KeSPA负责管理选手的注册、转会、培训，并定期发布选手排名。

KeSPA对韩国《星际争霸》电子竞技的发展起到了重要的推动作用。作为管理者，KeSPA拥有良好的赛事运作能力以及优秀的战队选手管理能力，这使得韩国电子竞技职业化越来越完善，韩国《星际争霸》能够在世界进行长达数十年的统治，KeSPA功不可没。

早期，韩国电视媒体是最主要的电竞内容传播渠道。1999年初，专业游戏电视台OGN成立，以电竞职业化为目标，率先发起了星际争霸职业联赛OSL。随后，MBCGame电视台也发起了自己的星际争霸职业联赛MSL。从OSL和MSL中，诞生了许多明星职业选手，其中人气最高的一些选手会像娱乐明星一样出演热门综艺，成为广告商的宠儿，受到的追捧不亚于韩国当红偶像。

随着早期个别职业选手的明星效应凸显，职业俱乐部应运而生。韩国的电竞职业俱乐部拥有不同等级的赞助商，俱乐部负责管理选手的训练及生活，并支付选手工资。选手通过职业联赛获得的奖金也会与俱乐部分成。此外，由于职业选手的社会影响力较大，他们还会经常出席各种社会活动。

韩国的职业训练系统格外注重对于选手心理素质的培养，以保证他们在赛场竞技时发挥出良好水平。因此，即便处于下风，很多韩国电竞选手依旧能够做出冷静的判断，从容应对。除了俱乐部，在新赛季开赛前，韩国电竞协会还会面向职业选手进行素养教育。素养教育往往围绕3个主题：电竞反舞弊教育、退役后的出路、坐姿矫正及自我诊断。可以说，韩国的电竞教育和训练产业十分完善。在这种环境下，电竞选手的综合素养普遍较高。

在电竞场馆建设方面，韩国政府也投入巨大。2001年，韩国建立了三星电竞馆。2005年，韩国建造了第一个大型电竞场馆——首尔龙山电竞馆。随着时代的发展与电竞及游戏人口的增加，韩国政府认为电竞馆需要不断升级。首尔市政府、韩国文化体育观光部、首尔产业振兴院、CJE&M公司共同出资600亿韩元（约合人民币3.4亿元），建设了首尔OGN电竞体育馆，场馆于2016年4月开业。除此之外，首尔市内还建有多家大型专业电竞体育馆，例如英雄联盟公园、上岩竞技场、NEXON ARENA，以及由中国电竞企业英雄体育VSPN建设的电竞体育馆V.SPACE。

韩国国民对电子竞技有着高度认可。在韩国人看来，电子竞技是竞争激烈的严肃体育赛事。这个行业不仅每年给韩国带来巨大的经济收益，还培养了大批收入丰厚、形象健康的职业选手。许多韩国年轻人梦想进入电竞行业，成为下一个体育明星、全民偶像。

（二）代表性赛事

1.OSL5MSL

OSL（On Game Net Star League）是韩国OGN电视台主办的顶级星际争霸个人联赛，始于1999年10月2日，是最早的电竞职业联赛。OSL每年举办3届，分别在4月、8月、12月开赛，持续时间为2—3个月。2012年，OSL取消了《星际争霸1》项目，改为《星际争霸2》项目。

2.MSL

MSL（MBCStar League）是韩国MBCGame电视台主办的顶级星际争霸个人联赛，首届比赛于2002年举办，到2012年停办。

MSL参赛选手共16人，由上届MSL的前8名与MSLSurvivor出线的8人组成。MSL采用双败赛制，负者进入败者组，两负的人将被淘汰。一般第一轮是单败，其他的都是至少bo3淘汰，进入4强后开始bo5淘汰。

3.LCK

LCK（LoL Champions Korea）是英雄联盟在韩国地区的顶级联赛，其前身为OGN冠军联（杯）赛（OGN Champions），由On Game Net（简称OGN）主办，在2015夏季赛后追加了eSports TV（简称SPOTV）主办，2019年后由RiotGames制作。LCK是韩国赛区通往每年季中冠军赛、洲际系列赛和全球总决赛的唯一渠道。

LCK的每个季赛都分为两个阶段：常规赛和季后赛。常规赛排名前5名的队伍进入季后赛，角逐韩国地区联赛冠军。

（三）代表性组织机构——OGN

OGN（On Game Net）是CJE&M旗下的一个韩国电子竞技与游戏电视频道，于2000年7月24日建台，是世界上第一个24小时“专业游戏放送台”。OGN主办或承接了《星际争霸》《星际争霸2》《英雄联盟》《绝地求生》等多个项目的电子竞技赛事。

OGN是领先世界的电竞组织，开创了许多电子竞技历史上的先河。2001年9

月，OGN举办了电竞史上第一次在露天体育馆进行的比赛——“可口可乐OSL”，11月，OGN开始提供世界上第一个实时播放游戏内容的互联网服务Ongamenet.com。2003年3月，OGN播放了韩国国内第一个由职业战队参加的比赛On-gamenetProleague。2004年7月，OGN在广安里举办了SKYProleague2004露天决赛，10万观众云集，这是电竞历史上首个大型露天比赛。2005年4月，OGN启动DMB卫星播放；同年7月，SKY Proleague2005再次于广安里举行露天决赛，聚集了12万名观众，是历史上观众最多的电竞赛事；同年12月，OGN在龙山的专用电竞馆开始营业。2006年，WCG世界总决赛在意大利蒙扎举办，OGN使用了卫星直播，是电竞转播史上第一个使用卫星转播的卫视。

2007年4月，OGN的有线电视接通了1296万个家庭。2009年，OGN陆续启动了IPTV播放和卫星TV放映，并在9月创立了在线互动TV—On game net Online。

OGN制作的赛事、游戏节目开创了电子竞技的历史，使韩国在很长一段时间成为领先世界的电子竞技第一大国，也使韩国至今都处于世界电子竞技发展的前沿地位。

二、美国电子竞技的发展历程

美国电子竞技职业化的先驱是CPL，CPL树立了美国职业电子竞技的标准。CPL停办之后，美国电子竞技参考NBA、NFL等传统体育职业联赛的成功经验，按照传统体育的运营方式来运营电子竞技赛事，使美国电子竞技真正进入职业化和产业化阶段。

（一）发展背景与产业模式

2011年，直播平台Twitch的出现极大地促进了电竞游戏的流行和普及。在这之前，竞技游戏和赛事影响的主要是游戏玩家，Twitch将世界各地的电竞赛事转播给所有观众。

美国Valve公司开发的游戏DOTA2和美国Riot公司开发的游戏《英雄联盟》风靡世界，这两个游戏的相关内容也是Twitch平台上最受欢迎的，为Twitch带来了100多万的独立观看人数。

游戏取得成功之后，Valve和Riot也主导建立了DOTA2和英雄联盟职业赛事体系。2011年，第1届DOTA2国际邀请赛在德国科隆举行，第1届英雄联盟全球总决赛在瑞典举行，这两项全球顶级的国际赛事吸引了无数观众。随着赛事奖金和收视率的不断提高，DOTA2国际邀请赛更是创造了历史，成为世界上奖金池最高的比赛，电子竞技的商业价值得到了更多的认可。

2016年，暴雪娱乐公司发行了《守望先锋》，这款游戏获得了巨大成功，受到全世界玩家的热爱。暴雪公司在《守望先锋》的电竞化上完全复制了传统体育联盟的运作模式，聘请了来自美国职业篮球联赛NBA（National Basketball Association）、美国职业橄榄球大联盟NFL（National Football League）的高管，来运营守望先锋职业联盟OWL。OWL仿照NBA建立了选秀机制、主客场制，战队的收益分成模式也基本参照NBA，成熟的运营模式使OWL迅速成为世界上商业化运营比较成功的电竞联盟之一。

传统体育从业者在看到电竞的商机之后，开始布局电竞，NBA联盟的俱乐部纷纷组建了自己的电竞战队。2018年，NBA和Take-Two（游戏NBA2K的发行公司）联合成立了电子竞技联盟NBA2K联盟。在NBA2K联赛的选秀大会上，102名出色选手从72000名选手中脱颖而出，组成了17支球队，参加这项赛事。NBA2K联赛在首个赛季设立100万美元奖金池，联赛一共持续17周，从5月开始，到8月结束，其中有12周是每周例行的常规赛，赛季中有3周为锦标赛，季后赛为期2周。

NCAA篮球联赛是NBA球星的摇篮。“飞人”乔丹来自北卡罗来纳大学，“大鲨鱼”奥尼尔来自路易斯安那州立大学，“禅师”菲尔·杰克逊则来自北达科他大学……很多球星从NCAA出道，然后成为了顶级篮球赛事的运动员。

从2014年开始，电竞在美国高校开始模仿美国全国大学体育协会（National Collegiate Athletic Association，NCAA）的模式，也逐渐受到一些学校的认同。目前，美国已经有数百所大学参与了电竞赛事，越来越多的大学开始用实际行动支持电竞，许多学校还专门在大学里修建电竞馆。NCAA的入局对于美国高校电竞最大的好处是可以使电竞赛事更加规范化。作为具有百年历史的体育联盟，NCAA在传统体育领域上的成功，为其在电竞方面的发展做了良好的铺垫。

美国还建立了成熟的高校电子竞技联赛体系，高校赛事成为向电子竞技行业输送人才的重要途径。美国有40多所高校在电竞上投入奖学金，以罗伯特莫里斯大学为例，这所大学参与了7项电竞赛事（包括英雄联盟、守望先锋等项目），每年有90人可以在电竞上获得奖学金，每个人能够获得的奖学金从9000美元到18000美元不等，奖学金总额为135万美元。

美国多所大学也相继成立电子竞技相关专业。加州大学尔湾分校早在2015年就开设了电子竞技专业，而2016年，学校已经拥有了自己的电竞馆，还为学生颁发英雄联盟奖学金。俄亥俄州立大学工程教育学院在2018年开设了电子竞技专业。

美国顶尖的游戏产业是电竞发展的坚实后盾，EA、暴雪、Riot、Valve等世界知名游戏公司均是美国公司，全球最大的游戏发售平台Steam同样是美国的游戏企业，为美国带来了海量的游戏玩家。

美国电竞俱乐部的商业化程度也是全世界领先的。在福布斯公布的2019年福布斯最有价值战队TOP12榜单中，8个战队是美国战队。这些头部战队均完成了多笔千万级美元以上的融资，并且每年的收入也是千万美元级别的。

顶级的游戏产业和传统体育发展模式为美国电子竞技的职业化和商业化奠定了良好的基础，使美国成为全球电竞收入第一的电竞强国。

（二）代表性赛事——OWL

OWL即全称为守望先锋职业联赛，是全球首个以城市战队为单位的大型电竞联赛，于2016年11月4日成立，由来自全球各个城市的20支战队组成，是《守望先锋》电子竞技的最高殿堂。

来自世界各地的顶尖职业选手享有稳定的薪金与福利，并且可以在贯穿全年的比赛中追逐守望先锋联赛冠军的荣誉，以及数百万美元的奖金。

守望先锋联赛共有20支战队参赛，分为太平洋赛区以及大西洋赛区，每个赛区由10支战队组成。

OWL的赛事包括季前赛、常规赛、季后赛、全明星周末。

（三）代表性组织机构——暴雪娱乐公司

暴雪娱乐公司是美国著名的游戏制作和发行公司，制作发行了多款风靡全世界的经典游戏，包括《魔兽争霸》系列、《星际争霸》系列、《暗黑破坏神》系列、《魔兽世界》《炉石传说》《风暴英雄》以及《守望先锋》，几乎所有游戏都成为了流行的电竞项目。

暴雪娱乐公司建立了美国商业化最为成熟的职业联盟OWL，仿照NBA、NFL的运营模式，使OWL成为盈利丰厚的电竞职业联盟典范。

三、欧洲电子竞技的发展历程

（一）发展背景与产业模式

欧洲的电子竞技产业以德国和波兰为中心，在世界著名的电竞组织者、电竞内容提供商ESL的领导下，跻身世界电竞产业前列。

1.德国

德国科隆拥有世界上著名的电子竞技赛事主办方ESL。自从2000年成立以来，ESL一直在为电子竞技产业的发展而努力，长期聚焦于电子竞技社区和整个生态系统的发展。在它们的努力下，不少德国传统体育俱乐部也开始投资电竞产业，例如，来自德甲联赛的沙尔克04俱乐部就建立了自己的英雄联盟LEC赛区战队。

2017年11月27日，德国电子竞技协会（简称ESBD）正式宣布诞生。这个协会由21个业余或专业的电子竞技队伍组成。与其他国家的电竞协会一样，ESBD的主要目的也是将电子竞技在本国发展成为一项正式的体育项目。

德国国家数字化部长Dorothee Bar曾在社交网络上公开支持这个新兴的产业，并承认电子竞技是体育运动。2018年初，德国总理默克尔倾听年轻人的声音，选择承认电竞是一种体育项目，并推出了“承认电竞、扶持入奥”的口号。同年2月，德国宣布电子竞技成为正式体育项目。

2018年11月11日，德国政府为了推动电竞产业的发展，计划斥资5000万欧元（约合人民币3.9亿元）建立游戏基金，由联邦运输和数字基础设施部来进行管理。这是德国首次从政府层面进行电子游戏产业的投资，该政策得到了德国各个党派的支持。

2.波兰

卡托维兹是波兰第十大城市，人口数量仅有约30万。过去，这座小城以工业和艺术场景闻名于世；但在近几年，它却成了电竞职业选手和游戏爱好者的聚集地。

2013年1月17日，卡托维兹第一次举办英特尔极限大师赛（IEM）。尽管严寒刺骨，却依然有1万名观众在飞碟形状的Spodek体育馆外排队等候。也正是从那时起，卡托维兹成为世界上最大的电子竞技赛事中心。如今，这项运动已经在一个周末内吸引了超过10万名观众，这几乎是卡托维兹每年游客总数的四分之一。IEM第五赛季时，卡托维兹城市内已经聚集了大量的职业选手和粉丝，核心赛事让这座城市在全球电子竞技的崛起中扮演了关键角色。

（二）代表性赛事——IEM

IEM即英特尔极限大师赛，创立于2006年，是由Intel德国公司与ESL合作举办、以欧洲为基地打造的全球性电竞精英锦标赛。IEM由Intel独家冠名赞助，比赛项目包括CS：GO、《魔兽争霸3》《星际争霸2》《雷神之锤》《英雄联盟》《绝地求生》等。

IEM邀请全球各个赛区的顶级战队参加比赛，每年下半年遴选全球少数城市举办分站赛，次年春天在德国举办欧洲总决赛和世界总决赛。目前，IEM的足迹已遍布全球，中国、美国、韩国、加拿大、瑞典、新加坡、阿联酋等国家都曾举办过IEM。

（三）代表性组织机构——ESL

ESL（Electronic Sports League）是世界著名的电竞赛事组织者和电竞内容提供商，拥有ESLProLeague、IEM、ESLOne、EMSOne等多项世界闻名的大型赛事品牌。

ESL总部位于德国科隆，由德国SK战队创始人RalfReichart于1997年创办。ESL最初通过承办CPL旗下欧洲区的一些比赛踏入了电竞赛事组织的行业。而CPL由于经营不善最后倒闭，ESL接过了CPL的大旗，直到今天发展成为世界顶级电竞组织。ESL在德国、俄罗斯、法国、波兰、西班牙、中国和北美等电竞市场繁荣的地区都设有办公室。

2015年4月，瑞典传媒巨头Modern Times Group（MTG）集团以7800万欧元（约合5.8亿人民币）收购ESL74%的股份成为控股股东。

（四）其他地区的电子竞技发展历程

1.日本

日本的电竞产业还处于需要破冰的阶段，政策法律多导致电竞发展所受的限制较多，但近两年，日本已经成立了全国性的电竞组织，推进电竞运动向好发展。

日本的电竞用户渗透率较低的一个主要原因是，游戏发展史和审美差异使日本大部分玩家被隔绝于世界主流电竞游戏之外。日本作为游戏大国，拥有任天堂、索尼、世嘉、科纳美、万代、卡普空、SE等国际知名游戏公司，但数十年来日本却没有出现知名的电竞选手。日本的主流游戏都是使用专门的游戏硬件进行的，例如PS4、PSV、NDS、3DS等，而且在日本，游戏一般是作为家庭娱乐和社交而存在的。日本用户对竞技类游戏并没有其他国家的玩家那么感兴趣，游戏在他们看来主要是用于娱乐和消遣，并不会过度在意游戏的胜负。

政策法律的限制也是日本电竞发展的阻碍。在日本，如果游戏开发商出资举办比赛，奖金会被视为“企业为了产品促销而准备的活动奖品”，法律规定这笔奖金额度不能高于10万日元（人民币6472元）。因此，在日本很难举办奖励丰厚的职业电竞赛事。

2018年初，日本成立日本电竞联合协会（JeSU）以监管并推动电竞发展。2018年雅加达亚运会上，日本电竞队夺得《实况足球》项目金牌，这也使得资本对日本电竞有了信心，一定程度上解决了日本电竞发展的资金问题。

2.巴西

巴西是拉丁美洲电竞行业代表国家，其电竞用户占拉丁美洲用户总量的一半。巴西用户对电竞的热情和认可度很高，也拥有很多优秀的职业选手。根据Newzoo2019年《全球电竞市场报告》显示，巴西在全球电子竞技支持者数量上排名第三，拥有高达920万电竞粉丝，仅次于中国和美国。

巴西电竞市场发展迅猛，所有的付费电视体育频道都设有专门的电子竞技电视节目和直播节目，对相关的赛事和锦标赛进行报道和评论。巴西最大的媒体集团Globo在其免费频道上也设有专门的游戏节目。

在线上平台方面，根据2020年巴西电子游戏行业普查（Pesquisa Game Brasil2020），巴西市场最受偏爱的线上平台是YouTube，68.6%的巴西人选择YouTube观看电竞相关内容。同时，巴西人均每年游戏消费达到37.22美元，这个数据在全球排行前列。

巴西市场对于电竞认可程度在全球排名第一，据《2019全球电竞运动行业发展报告》显示，巴西对于“电竞是一种体育项目”的认可程度达到53%，而中国的这项数据仅为35%。

巴西对电子竞技项目保持着极高的接受度，这使得巴西在本土没有知名游戏厂商的情况下，电竞市场依旧保持着健康发展的趋势。截至2019年，巴西市场催生了近千名排名优秀的电竞选手，其中包括FalleN、TACO这样的顶尖选手。

巴西电竞市场是一个正在拓宽，且有巨大潜力的市场，或许在未来电竞将成为巴西在足球之外的另一个标签。

3.东南亚

东南亚的电竞发展还处于起步阶段，相比于中国、美国等电竞发展领先的地区，东南亚的电竞生态落后许多。

根据全球游戏和电竞市场分析公司Newzoo的数据，尽管东南亚国家众多，但是主要六国（新加坡、印度尼西亚、泰国、马来西亚、菲律宾、越南）的电竞收入可达整个地区电竞收入的98%。其中，印度尼西亚、泰国和越南由于有着可观的人口数量，能够支持电竞规模化发展的移动设备，以及呈现良好势头的经济增长，正成为电竞在东南亚落地不可忽视的地区。

受经济发展的限制，东南亚地区的PC普及率并不是很高，这也是PC电竞没能在这一地区大力发展的重要原因。手机是东南亚地区最重要的游戏设备，移动智能终端的大规模普及降低了游戏和电竞的参与门槛，加快了东南亚的电竞发展进程。由于东南亚的移动互联网环境，这里是全球手游增速最快的市场，并且近90%的手游玩家参与电竞。据AIS的报告，东南亚是全球电子竞技用户增长最快的地区。

东南亚游戏公司Garena的FreeFire、沐瞳科技的《无尽对决》以及腾讯的PUBGMOBILE这3款游戏在东南亚地区风靡，与之相伴而生的是游戏的电竞化。2017年，沐瞳科技在东南亚人口最多的城市雅加达举办了第一场MPL联赛。这场比赛落脚在雅加达的一家商场里，观看赛事的观众人山人海。2020年年初，MPL联赛举办，最高同时在线观看人数达到116万，这一流量在全球都是头部水平。

英雄体育VSPN也在东南亚地区进行了电竞业务布局。2019年，英雄体育VSPN海外业务的重心就放在了东南亚，并在当地设立办公室。由于腾讯是其战略投资方，英雄体育VSPN在东南亚的业务布局从腾讯在2018年推出的《绝地求生》手游海外版切入。

2019年，在PMCO（PUBG MOBILE Club Open）联赛的全球10个区域里，东南亚赛区PMCO-SEA（PUB GMOBILE Club Open South east Asia）是唯一的职业联赛地区，并且赛事的持续时间最长。

东南亚电竞的逐渐火热，吸引了重量级的赞助商入场。新加坡电信运营商Singtel，泰国电信运营商Truemove H、Advanced Info Service等都对当地的相关赛事进行赞助。

OPPO在国内一直是《英雄联盟》赛事的赞助商，曾经是OPPO海外子品牌Realme（现已脱离OPPO独立运营），也是《无尽对决》联赛等的赞助商。

2018年，电竞作为表演赛项目登上雅加达亚运会的舞台，使得东南亚吸引了全球电竞用户的目光。2020年，就在新冠肺炎疫情使全球经济萎靡之际，新加坡最大的电信公司Singtel、韩国最大的移动通信运营商SKTelecom，还有泰国最大的移动通信运营商AIS共同成立了一家游戏合资公司。这家合资公司提供游戏社交网络和媒体内容服务，还将在未来用VR播报电竞赛事，制作职业电竞玩家的相关视频。

东南亚已经成为全球电竞市场中潜力最大的市场之一。

4.中东

据Statista的统计，2017年中东地区视频游戏产业的收入估值约为30亿美元，其中包括土耳其、沙特阿拉伯和阿联酋等游戏市场。由于中东地区仍然被认为是一个年轻的市场，所以电竞产业发展潜力巨大。

但由于技术和基础设施的落后，中东许多地区的电竞发展还比较落后。互联网延迟和玩家设备与游戏服务器之间的连接问题是影响中东电竞发展的技术性因素，除此之外，电子竞技的发展还需要游戏开发商和由国家支持的第三方数据中心的巨额投资。阿联酋和沙特阿拉伯的电竞发展在中东处于领先地位，推动了整个中东地区的电竞发展。

根据Newzoo的报告，沙特阿拉伯的ARPPU（平均每付费用户收益）是全世界最高的，达到270美元，而中国的ARPPU则为32美元。沙特阿拉伯拥有世界顶尖的电竞战队。2018年，在受到全球电子竞技爱好者密切关注的国际足联世界杯FIFA视频游戏决赛上，冠军由一支来自沙特阿拉伯的战队获得。

近年来，阿联酋对电竞感兴趣和了解的人数大大增加。2018年，迪拜宣布要建立中东地区第一个专门用于电子竞技的舞台，这将成为举办地区和全球视频游戏活动的中心。2018年11月，由三星GalaxyNote9冠名赞助、英雄体育VSPN承办的PUB GMOBILE首个全球性赛事PUBGMOBILE名人挑战赛（Star Challenge）全球总决赛（PMSC）在迪拜正式开赛。2019年，国际电子竞技联盟（IESF）宣布将其全球总部迁往迪拜。IESF还计划在迪拜组织一系列顶级活动，包括其年度会议，该会议将在一个共同的平台上交流想法，创造协同效应，并就如何发展电子竞技达成共识。

拥有巨大潜力的中东电竞市场或许将会在未来释放出更多能量。

第四节　中国电子竞技的发展历程

中国电子竞技的历史开始于20世纪90年代，《雷神之锤》《星际争霸》《魔兽争霸3》《反恐精英》等游戏是当时最主要的电竞项目。腾讯将中国电子竞技的发展历程大致分为3个阶段：青铜时代（1998—2008年）、白银时代（2009—2015年）、黄金时代（2016年至今）。

一、青铜时代（1998—2008年）

（一）特点

1998年左右，个人电脑和宽带的普及率很低，网吧成为了游戏爱好者的大本营，同时也是电子竞技发展初期各类电竞赛事的举办场所。

这一时期我国电子竞技的特点是：

（1）很多电竞赛事由爱好者自发组织；

（2）电竞赛事以网吧赛等小型比赛为主，组织比较混乱，缺乏监管；

（3）电竞赛事、职业选手缺乏资金和赞助，主要是个人爱好者出资赞助职业选手；

（4）职业选手的从业环境艰苦，职业生涯没有明确的出路。

在这个时期，电子竞技这一新兴事物还未被社会正确认知，游戏更是常被人们视为洪水猛兽。

2002年7月28日，旅游卫视推出了一档名为《游戏东西》的节目，节目内容主要是电子游戏信息、攻略及电子竞技。开播半年后，《游戏东西》收视率上升，与《娱乐任我行》并列成为当时旅游卫视的两大节目。节目拥有4000万有着固定收视习惯的观众，每天固定收看的观众人数达到500多万。2003年年底，网星艾尼克斯、新浪等网游厂商相继签下《游戏东西》2004年度广告投放及赞助方案，盛大网络集团决定投资该节目。

中央电视台也曾创办过一档以体育类电子竞技游戏为主要节目内容的电视周播栏目《电子竞技世界》，节目开播于2003年4月4日，这是中央电视台首次播出以电子游戏为内容平台的电视栏目。栏目以资讯言论、人物、赛事为主要切入点，及时捕捉国内外产业发展的最新动态、分析产业发展的现状和规律、展现业内精英的思想见地、组织国内国际范围的体育电子竞技赛事，以此在青少年中倡导健康积极的电子娱乐方式，促进中国电子竞技产业的发展。该节目深受广大电子竞技玩家的喜爱。

2004年4月12日，国家广电总局正式下发《关于禁止播出电脑网络游戏类节目的通知》，指出某些广播电视机构播出网络游戏节目，给未成年人的成长造成不利影响，因此决定各级广播电视机构不得播出网络游戏节目。从此以后，《电子竞技世界》《游戏东西》等电子游戏类节目在电视台永久停播了。

广电总局的禁播令使处于萌芽阶段的电子竞技产业的发展受到了极大阻碍。

中国电子竞技产业失去了电竞发展早期最重要的盈利渠道——转播权出售，电子竞技在很长一段时间内都未能形成可持续盈利的产业链，职业选手也面临着巨大的生存压力。选手从比赛奖金获得的收入并不稳定，当时没有稳定的职业联赛，各种比赛的背景参差不齐，甚至有许多赛事主办公司会骗走赞助商的资金，不给选手发放奖金。在广电总局禁播令的同时，电视端上的一些数字频道还是得到了广电总局播出游戏类和电竞类节目的授权，例如，游戏风云、GTV游戏竞技频道等。但这些频道因为覆盖率和商业模式没有实现突破，发展受限。

在这段电竞发展的艰难时期，中国最早的电竞人以顽强的毅力克服了种种困难，在国际赛事中取得了骄人的成绩，展示了中国电竞的强劲实力。

（二）主流电竞项目

这一时期的主流电竞项目是FPS游戏和RTS游戏，以FPS游戏《反恐精英》《雷神之锤》和RTS游戏《星际争霸》《魔兽争霸3》为代表。

1.《反恐精英》

《反恐精英》（Counter-Strike，CS）是美国Valve公司于1999年夏天开发的射击系列游戏《反恐精英》将玩家分为“反恐精英”（CounterTerrorists）阵营与“恐怖分子”（Terrorists）阵营两队，每个队伍必须在一个地图上进行多回合的战斗。赢得回合的方法是达到该地图要求的目标，或者完全消灭敌方玩家。

这一时期，wNv战队是中国CS项目的杰出代表。wNv战队在CS项目拿到了两个世界冠军，分别是2005年WEG第三赛季CS项目世界冠军、2006年WEGMaster大师杯赛CS项目世界冠军。卞正伟（游戏ID为Alex）作为wNv战队的指挥，带领战队获得了世界冠军，个人也取得了无数冠军，被誉为“中国CS指挥第一人”。

2.《雷神之锤》

《雷神之锤》是由Id Software开发的一款射击类电脑客户端游戏，至今共推出4代，1996年5月31日发布的是此系列的第一款游戏。玩家在游戏中扮演一名士兵，去阻止敌人的进攻。

孟阳是这一时期雷神之锤职业选手的代表，游戏ID是Rocket Boy，ID的由来是因为他在所有第一视角射击游戏中都非常擅长使用火箭发射器作为主战武器，并拥有令人难以置信的强大攻击力。他是中国第一个获得电子竞技世界冠军的人，并且深深地激发了许多电子竞技选手奋发向上的斗志，被业界授予“电子竞技精神领袖”的称号。

3.《星际争霸》

《星际争霸》是暴雪娱乐公司制作发行的一款即时战略游戏，于1998年3月31日正式发行。游戏描述了26世纪初期，位于银河系中心的人族（Terran）、虫族（Zerg），神族（Protoss）3个种族在克普鲁星际空间中争夺霸权的故事。游戏提供了一个战场，在这个游戏战场中，玩家可以操纵任何一个种族，在特定的地图上采集资源，生产兵力，并摧毁对手的所有建筑取得胜利。

这一时期，中国著名的星际争霸职业选手以孙一峰为代表。孙一峰的ID是F91，是著名的星际争霸虫族选手，多次获得全国冠军，曾代表中国参加WCG世界总决赛，被誉为“中国虫王”。

4.《魔兽争霸3》

《魔兽争霸》是美国的暴雪娱乐公司制作的一款即时战略题材单机游戏，最受欢迎的官方资料片为《魔兽争霸3：冰封王座》。玩家可以选择在《魔兽争霸3》中操控4个种族，其中人类（Human）和兽人（Orc）在其前作《魔兽争霸2：黑潮》中就已出现，另外两个是新增的种族，即暗夜精灵（NightElf）和不死亡灵（Undead）。

《魔兽争霸3》的代表性职业选手是Sky（李晓峰）。李晓峰被称为魔兽“人皇”，是卫冕WCG《魔兽争霸3》项目的世界第一人。他获得过《魔兽争霸3》项目的多个世界性比赛冠军，3次做客央视访谈节目，并在2008年担任奥运火炬手。Sky是第一次让五星红旗飘扬在全球电子竞技最高峰的电竞选手，是中国电子竞技的一面旗帜和一个里程碑。

二、白银时代（2009—2015年）

（一）特点

中国电子竞技发展的白银时代，互联网和个人电脑逐渐普及，网络游戏成为越来越多人的娱乐休闲方式。DOTA2、《英雄联盟》《穿越火线》等网络游戏风靡，游戏厂商为了推广游戏，也开始投入资金举办电竞比赛，促使中国电子竞技的发展逐渐步入正轨。

这一时期电子竞技的特点如下：

（1）电子竞技职业赛事体系在探索中逐渐形成稳定的体系；

（2）电子竞技职业联盟经历过坎坷的探索，有了成熟的经验；

（3）电子竞技职业俱乐部的运营与管理逐渐规范化，电竞选手的职业环境和条件大幅度提升。

电子竞技行业在这一时期取得巨大进步，得益于游戏厂商投入大量资金推动电竞赛事体系建设，以及直播行业的兴起。广电总局的禁播令一直是中国电子竞技行业发展的掣肘，由于缺乏传播和商业变现渠道，在很长一段时间内，电子竞技的影响力和普及程度都非常有限。

2014年左右，直播平台如雨后春笋般纷纷成立，使得每个人都能够轻松地看到电竞游戏直播和电竞赛事转播，电竞游戏和电竞比赛的影响力大幅度提升。

2014年，斗鱼直播、虎牙直播、战旗直播成立；2015年，龙珠直播、熊猫直播成立；2016年，企鹅电竞成立。早期一批游戏电竞主播，如2009、海涛、Miss、小苍、PDD、大司马等，在电竞游戏和电竞赛事的大众化普及方面起到了重要的作用。

直播平台为电竞赛事提供了稳定且受众广泛的传播渠道，使中国的电竞用户大幅度增长，并且能够持续地吸引新用户。

（二）主流电竞项目

这一时期的主流电竞项目是MOBA游戏和FPS游戏，MOBA游戏受到了中国乃至世界玩家的广泛欢迎，直到今天仍然是世界最流行的电竞项目。

1.《穿越火线》

《穿越火线》是一款由韩国Smile Gate开发，由腾讯游戏代理运营的第一人称射击游戏。游戏讲述了全球两大佣兵集团Global Risk和Black List间的对决，玩家可选择以潜伏者或保卫者的角色进行游戏。游戏有团队模式、战队赛、爆破模式、幽灵模式等多种模式。引进了“缺人补充”形式的即时加入系统。

2008年《穿越火线》在国内公测之后，立刻成为了当时最火爆的游戏之一，风靡全国。2012年，国内第一个正规的职业联赛——穿越火线职业联赛（CFPL）建立，成为中国电竞职业联赛的标杆和里程碑。

2.DOTA

DOTA是由暴雪娱乐公司出品的即时战略游戏《魔兽争霸3》的一款多人即时对战。DOTA可自定义地图，支持10个人同时连线游戏，是暴雪娱乐公司官方认可的魔兽争霸的RPG地图。游戏分为两个阵营，玩家需要操作英雄，通过摧毁对方遗迹建筑来获取最终胜利。这种多人在线竞技模式后来被称为“DOTA类游戏”，对之后的多个竞技类游戏产生了深远的影响。

3.DOTA2

DOTA2是由DOTA地图核心制作者IceFrog（冰蛙）联手美国Valve公司研发的一款MOBA游戏，于2013年4月28日开始测试。DOTA2的世界由天辉和夜魇两个阵营所辖区域组成，由上、中、下3条主要的作战道路相连接，中间以河流为界。每个阵营分别由5位玩家所扮演的英雄担任守护者，他们以守护己方远古遗迹并摧毁敌方远古遗迹为使命，通过提升等级、赚取金钱、购买装备和击杀敌方英雄等手段达成胜利。

4.《英雄联盟》

《英雄联盟》是由美国拳头游戏（Riot Games）开发，中国大陆地区由腾讯游戏代理运营，并于2011年公测。

2013年，中国英雄联盟职业联赛LPL建立，通过卓有成效的运营，LPL诞生了Uzi等众多电竞明星，LPL也成为了中国价值最高的电竞赛事品牌。2017年12月21日，体育赛事风向标——2018中国最具赞助价值体育赛事TOP100榜单正式发布，LPL位列前十，在2018中国最具赞助价值体育赛事榜单中排名第九，力压中国足球协会超级杯、中国排球超级联赛和中国羽毛球大师赛等赛事。

2017年开始，LPL效仿NBA开展联盟化运营和主客场制度，取消降级制度。腾讯和拳头共同建立腾竞体育独立运营LPL，高效服务LPL的商业化运作。

（三）重要事件——CFPL

穿越火线职业联盟电视联赛（简称CFPL）是由腾讯游戏主办、GTV游戏竞技频道承办的大型专业级落地电视联赛，于2012年开始举办，赛事标语（Slogan）是“可以触摸的电竞梦想”。这是中国第一个大型专业的职业联盟电视联赛，使得电竞赛事在赛事制作、联盟运营、明星打造方面的水平有了质的飞跃，是中国电竞发展史上的一个重要里程碑。

在当时，这一顶级赛事以其自身所具备的“俱乐部运作”“明星打造”“专业赛制体系”“职业化直播渠道”等特点吸引着包括网游业界、电竞业界以及媒体的强烈关注。

到2021年，CFPL已经经历了18个赛季，在赛事制作上也有了更多的创新。2020年3月，CFPL-S15总决赛运用了虚拟演播厅技术，可以在直播画面中实现让主持人、解说或选手全程置身完整的演播厅合成的特定场景中，带来的视觉冲击效果更强，其代入感和临场感也会更加突出。另一方面，运用虚拟演播厅技术，可以将画面呈现得更全面和立体，不同画面的切换也可以更自然，使观众在观赛过程有更具深度的沉浸感，观赛体验更流畅。

作为中国举办时间最长的职业联赛，CFPL一直以充满活力的姿态迎接着挑战，时至今日，CFPL仍然是中国最受欢迎的电竞赛事之一。

三、黄金时代（2016年至今）

（一）特点

电子竞技产业是一项文化产业，国家政策对于产业发展的影响非常大。2016年开始，国家接连发布有利于电子竞技发展的政策，中国电子竞技的发展由此进入黄金时代。

2016年4月15日，国家发改委发布《关于印发促进消费带动转型升级行动方案的通知》。通知明确指出：“在做好知识产权保护和对青少年引导的前提下，以企业为主体，举办全国性或国际性电子竞技游戏游艺赛事活动”。

2016年7月13日，国家体育总局发布《体育产业发展“十三五”规划》，指出“以冰雪、山地户外、水上、汽摩、航空、电竞等运动项目为重点，引导具有消费引领性的健身休闲项目发展”。

2016年9月，教育部发布《普通高等学校高等职业教育（专科）专业目录》，增补了“电子竞技运动与管理”专业。

2016年9月，文化部26号文件提出了鼓励游戏游艺设备生产企业积极引入体感、多维特效、虚拟现实、增强现实等技术；支持打造区域性、全国性乃至国际性游戏游艺竞技赛事，带动行业发展；全面放开游戏游艺设备的生产和销售，全面取消游艺娱乐场所总量和布局要求。

2016年10月14日，国务院总理李克强主持召开了国务院常务会议。会议指出“要出台加快发展健身休闲产业指导意见，因地制宜发展冰雪、山地、水上、汽摩、航空等户外运动和电子竞技等”。

2016年10月28日，国务院办公厅印发《关于加快发展健身休闲产业的指导意见》，曾明确指出要推动电子竞技、极限运动等时尚运动项目健康发展，培养相关专业培训市场。这些有利于电子竞技发展的国家政策发布之后，各地方政府也纷纷出台政策促进电子竞技的发展。上海提出了打造全球电竞之都的计划，2017年12月，中共上海市委、上海市人民政府印发《关于加快本市文化创意产业创新发展的若干意见》（简称上海文创50条），指出将上海建设成为全球电竞之都。四川成都也计划将成都打造成“中国电竞第一城”，2017年，成都市印发《成都市“十三五”文化产业发展规划》，文件中指出：“推动以‘电竞+数字创意内容’‘电竞+电竞赛事馆群与电竞人才培养’‘电竞+文化旅游’‘电竞+版权交易’‘电竞+双创平台’‘电竞+装备制造与衍生品研制’等为核心的电竞产业链的‘电竞+模式’，同时打造有区域优势的电竞产业链，构建成都市电竞产业格局，将成都建设成为具有国际影响力的国际电竞之都和中国电竞第一城”。

政策的保驾护航使中国电子竞技的发展进入了高速轨道，这一时期的电子竞技的特点是：

（1）各个电竞项目形成了成熟规范的赛事体系；

（2）电子竞技职业联盟运作成熟，探索出商业化运营的正确道路；

（3）电子竞技选手职业体系完善，职业环境越来越好，选手的职业生涯和退役后的职业选择都有了更清晰的规划；

（4）电子竞技传播渠道更加丰富，电竞赛事在直播平台、电视平台、短视频平台全面传播，影响更多人群；

（5）电子竞技的社会认可度越来越高，电子竞技被国家认定为新行业，2018年雅加达亚运会将电子竞技作为表演项目；

（6）电子竞技发展迅速，吸引了大量资本涌入，电竞赛事赞助规模不断升级，电子竞技俱乐部获得的投资也稳步提升。

在赛事体系上，职业联赛、总决赛、全球总决赛、次级联赛、杯赛的赛事体系，已成为各大电竞项目广泛采用的规范赛事体系。

在职业联盟运作上，LPL联盟、KPL联盟纷纷效仿NBA联盟进行改革，实行主客场制，学习传统体育商业化运作的成功经验，大大提升了联盟的品牌价值。

在电子竞技职业体系和职业环境方面，电竞选手的职业道路和晋升通道都变得清晰透明。“参加电子竞技俱乐部的选手招募→试训→成为职业选手→在俱乐部接受训练→征战职业联赛和国内外各种比赛”，这成为了现如今大部分普通人成为电竞选手的流程。在比赛之外，电子竞技俱乐部还会开展多元商业活动，将职业选手打造成明星，除了固定工资和赛事奖金，电竞选手可以通过直播、代言等活动获得更高的曝光率和收入。

电子竞技的传播渠道随着新媒介的产生而变得更加丰富。微信公众号、短视频等新的自媒体媒介诞生，促使电竞内容更加广泛的人群中传播。

电子竞技的社会认可度近几年有了显著提高。2019年4月13日，中华人民共和国人力资源和社会保障部发布了13个新职业，其中电子竞技员、电子竞技运营师赫然在列，电子竞技成为国家认定的正规职业。中央电视台发现之旅频道制作了大型系列纪录片《电子竞技在中国》，向公众展示电子竞技文化的魅力。

电子竞技的蓬勃发展也赢得了资本的关注，电竞赛事的赞助规模、电竞企业吸引的投资金额都在不断提高。电竞赞助从20世纪90年代的几千元、几万元，发展到现在的几千万元、上亿元，一场赛事的赞助品牌可覆盖外设、快消、零食、餐饮、服饰等各个行业。

电竞赛事强大的影响力和电竞用户强大的消费能力，使电子竞技成为了强有力的广告营销方式之一。

（二）主流电竞项目

这一时期，电子竞技项目变得更加丰富，FPS、MOBA、竞速、休闲等各个品类游戏百花齐放，主流电竞项目见表2-1。

表2-1 主流电竞项目

品类	电竞项目	品类	电竞项目
MOBA	DOTA2	竞速	《QQ飞车手游》
	《英雄联盟》	卡牌策略	《炉石传说》
	《王者荣耀》		《皇室战争》
FPS	《穿越火线》		《刀塔自走棋》
	CS：GO		《王者荣耀模拟战》
	《守望先锋》	格斗	DNF
战术经济类	《绝地求生》	体育	FIFA Online
	《和平精英》		NVA2K Online

品类	电竞项目	品类	电竞项目
战术经济类	PUBG MOBILE	休闲	《球球大作战》
	《堡垒之夜》		《荒野乱斗》
	《Apex英雄》		
RTS	《魔兽争霸3》		
	《星际争霸2》		

（三）重要事件

1.移动电竞崛起

在移动网络和智能手机没有发展起来之前，手机游戏寥寥无几，人们心中的电子竞技就等同于PC电子竞技。2016年，《王者荣耀》《皇室战争》这两款移动游戏流行开来，并迅速进行了电竞化。很快，王者荣耀职业联赛KPL就成为了国内最火爆的移动电竞项目，吸引了大量用户。KPL从2016年开始举办，到2021年已经连续举办10届，联赛体系发展成熟，形成了国际化的职业联赛+杯赛体系。

KPL作为全球范围内移动电竞的领导者，在国际化、地域化、赛制创新和文化输出上都有着重要贡献。KPL实行主客场制，从一开始的上海、成都双城主客场，到现在发展为战队落户各个城市建立主场，吸引观众线下观赛，形成城市新的娱乐中心。在赛制创新方面，为了打破阵容固定化的局面，KPL启用了全局BP制和决胜局的“巅峰对决”模式，让玩家产生前所未有的期待感和兴奋感。《王者荣耀》作为中国制作的游戏，既融合了中国传统文化的精髓又融入了西方游戏文化中包容和开放的精神，堪称中西结合的典范。游戏内的英雄、皮肤以及比赛舞台上的各种元素都有浓浓的中国风，通过赛事的国际化将中国传统文化输出到世界各地。

2.电子竞技成亚运会正式项目

第18届亚洲运动会于2018年8月18日至2018年9月2日在印度尼西亚雅加达举行，6个电子竞技项目作为表演项目登上了亚运会的舞台，这6个电竞项目分别为《英雄联盟》PES2018《皇室战争》《炉石传说》《星际争霸》以及Arena of Valor（王者荣耀国际版）。

中国组建了电子竞技国家队，参加了这次亚运会的《英雄联盟》Arena of Valor和《皇室战争》项目。中国队在《英雄联盟》、ArenaofValor项目取得金牌，在《皇室战争》项目取得银牌，在电竞大类项目的总奖牌数位居第一。

中央电视台制作的大型纪录片《电子竞技在中国——亚运特辑》，展示了中国电竞健儿征战雅加达亚运会的历程。而2022年杭州亚运会将电子竞技列为正式比赛项目，是电子竞技体育化道路上的又一重大进步。

3.国际顶级赛事落户中国

2017年，英雄联盟全球总决赛S7落户中国，在北京国家体育场“鸟巢”举办总决赛。2019年，DOTA2国际邀请赛落户中国，在上海梅赛德斯奔驰文化中心举办总决赛。2020年，英雄联盟全球总决赛又落户中国上海。

连续承办多场顶级国际赛事，无疑展示了中国电竞强国的地位和蓬勃发展的电竞文化。

第五节　电子竞技发展的科技驱动力

一、电子竞技发展的主要驱动力

电子竞技发展的主要驱动力包括科学技术的进步、主要投入方的变化、电子竞技用户人群规模的变化以及电子竞技社会认可度的变化。在主要驱动力之中，科学技术的进步是电竞发展最重要的驱动力。

电子竞技的一个核心特点就是科技进步性。电子竞技运动本身就是科学技术的发展参与体育发展而产生的新兴运动项目，科学进步的发展也必然会推动着电子竞技进行变革。

纵观电子竞技的发展历史，随着计算机技术的发展、互联网技术的普及、智能移动终端的普及、移动互联网技术的发展、虚拟现实技术的发展，电子竞技产生了越来越多的新形式，从PC电竞、主机电竞、移动电竞到VR电竞，每一次的技术变革，都催生了电子竞技的全新形态。

二、PC电竞的驱动力：计算机与网络技术

由于第四代计算机的诞生，计算机的运算速度不断提升，为电子游戏的诞生提供了硬件条件。而网络技术的发展，则进一步推动了PC电子竞技的出现。

网络技术是从20世纪90年代中期发展起来的新技术，它把互联网上分散的资源融为有机整体，实现资源的全面共享和有机协作，使人们能够透明地使用资源整体，并按需获取信息。网络可以构造地区性的网络、企事业内部网络、局域网网络、家庭网络和个人网络，如今，全球性的互联网通信已经成为现实。

PC电竞的诞生与网络技术的发展息息相关。随着网络技术日趋成熟，局域网内的电子竞技和全球互联网范围内的电子竞技也应运而生。1996年，北美最大的局域网赛事Quakecon诞生；1998年，即时战略游戏《星际争霸》诞生；2003年，即时战略游戏《魔兽争霸3》诞生，这两款游戏的电竞赛事在世界范围内如火如荼地展开，是PC电竞发展史上的重要里程碑。其后，随着计算机技术和网络技术的发展，形式更加多样、制作更加精良的网络电子竞技游戏不断诞生，电子竞技项

目也发展出了RTS、FPS、MOBA、竞速、休闲等越来越多的品类。

三、移动电竞的驱动力：移动智能终端与移动通信技术

PC电竞发展日益成熟的同时，在移动智能终端与移动通信技术的发展下，移动电竞也随之诞生了。

移动通信经历了1G、2G、3G、4G的发展，如今进入了5G时代。其中，对移动电竞发展具有重要影响力的是4G技术。

第四代移动通信技术简称4G。4G将WLAN技术和3G通信技术进行了很好的结合，使图像的传输速度更快，让传输的图像看起来更加清晰。在智能通信设备中应用4G通信技术使得用户的上网速度更加迅速，速度高达100Mbps。2014年，4G在中国正式商用。

随着4G和智能手机迅速普及，移动电竞也在2015年开始爆发。皇室战争职业联赛、王者荣耀职业联赛KPL、和平精英职业联赛PEL等具有广泛影响力的移动电竞赛事开始蓬勃发展。可以推测，已经到来的5G技术也会促进新的电竞游戏产品的诞生，提升电子竞技的竞技体验。

由此可以看出，科学技术是电子竞技最重要的驱动力。技术的进步催生了电子竞技，也推动着电子竞技不断进化，这是由电子竞技的科技进步性所决定的。

第六节　中国电子竞技发展的社会驱动力

除了科技发展的驱动力，中国电子竞技发展的另一个主要驱动力是社会驱动力。社会驱动力主要包括电子竞技行业主要投入方、电子竞技用户人群规模、电子竞技社会认可度。从电子竞技社会驱动力变化的视角，根据电子竞技主要投入方、用户人群规模及社会认可度的不同，我们可以将中国电子竞技发展的历程分为3个主要阶段：爱好者自发时期；游戏厂商主导时期；社会化电竞时期。

一、爱好者自发时期

（一）主要投入方

中国电子竞技发展初期是爱好者自发参与电竞的时期。这一时期电子竞技产业的主要投入方是电子竞技的爱好者，他们因志同道合而组建战队，自发地建立全国性或地方性的电子竞技组织并举办比赛。由于缺乏盈利模式和商业投资，这些爱好者没有稳定的收入来源，只是因为对于电子竞技的热爱才一直坚持从事电子竞技工作，是中国电子竞技的先驱。这个时期虽然也有一些游戏厂商和公司投入，但整体上规模不大。在这一时期也有一些第三方举办的大型赛事，例如

WCG、游戏风云的G联赛等。

（二）用户人群

爱好者自发时期，个人电脑和家庭网络都尚未普及，只有少数人有机会接触到电子游戏和电子竞技，电子竞技的用户仅局限于少部分电竞游戏玩家。这一时期，网吧成为了电子竞技活动扩大影响力的重要场所。网吧电竞游戏用户及拥有个人电脑网络的电竞游戏用户，构成了这一时期的用户人群主体。

（三）社会认可度

这一时期，电子竞技的社会认可度比较低。许多人将电子竞技与“打游戏”混为一谈，觉得它不是正规职业，也没有好的发展前景。但这一时期，以Sky为代表的中国电子竞技选手在国际电竞赛事上频频取得冠军，Sky还参与了2008年奥运圣火传递，出演了央视的访谈节目。随着越来越多的电竞选手在国际舞台上为中国赢得荣誉，主流媒体也开始关注电子竞技运动员的成就。

二、游戏厂商主导时期

（一）主要投入方

游戏厂商主导时期，电子竞技的主要投入方是游戏厂商。游戏厂商注意到了电竞赛事产生的影响力，将电竞赛事当作游戏的推广宣传方式，投入资金举办电竞赛事。电竞赛事的奖金和举办资金主要由游戏厂商提供，由于这一时期电子竞技的影响力得到了迅速提升，大规模的第三方赞助开始进入电竞行业。

（二）用户人群

这一时期，电子竞技的用户群体有所扩展，从部分电子游戏爱好者扩大到整个游戏玩家群体中。游戏厂商以举办电竞赛事的方式来不断推广游戏，游戏与电子竞技紧密结合，因此电子竞技的影响力也逐渐遍及整个玩家群体。

（三）社会认可度

在游戏厂商主导时期，电竞赛事作为游戏厂商推广游戏的一种方式，尚未形成规范化的行业标准和竞技准则，电子竞技产业也还没有持续性的盈利模式，基本上是作为电子游戏产业的附属而存在的。这一时期，以Uzi为代表的中国电竞选手，凭借着超强的实力在国际电竞赛事中赢得了许多荣誉，通过个人魅力将电竞文化普及到更广泛的人群中。在2019“微博之夜”年度人物评选中，Uzi以第一名的票数力压众多娱乐明星获得微博年度人物的称号，电子竞技与电竞明星的影响力有了很大提升。

这一时期，社会及主流媒体对电子竞技的印象有所改观，电子竞技是能够为国家赢得荣誉的正规体育项目，这一概念正在渐渐地深入人们心中。

三、社会化电竞时期

（一）主要投入方

社会化电竞时期，电子竞技的主要投入方是各种社会力量，包括游戏厂商、赞助商、版权平台、俱乐部、经纪公司及各级政府等。电子竞技影响力的与日俱增，用户规模不断扩大，电子竞技产业也迅速发展，赞助商通过赞助电子竞技能够获得持续性的收益，政府通过发展电子竞技产业为地方经济找到了新的经济增长点。游戏厂商持续对电子竞技加大投入，电竞赞助的规模从一开始的几万元，发展到单个赞助商的赞助规模达到千万元级别。赞助商通过赞助电竞赛事、电竞选手、电竞俱乐部，为品牌赢得巨大的曝光量，增加产品销量和大众对品牌的好感度，因此银行、汽车、零食、快消、餐饮等企业纷纷入场赞助电竞。上海、成都、武汉、西安等多个城市纷纷出台促进电竞产业发展的政策，建立电竞产业园，引进电竞赛事和电竞企业，甚至出资建立电子竞技俱乐部。越来越多的地方政府将电子竞技打造为新的城市名片，通过发展电子竞技产业带动了其他产业的发展，找到了新的经济增长模式。

（二）用户人群

这一时期，电子竞技的播出渠道和内容传播渠道更加多元化，电子竞技的影响力能够触达各个用户群体，迅速吸引了大批用户。根据企鹅智酷发布的《2020全球电竞运动行业发展报告》，2020年中国电子竞技用户达到4亿，占全国总人口的28%。电子竞技赛事和电竞周边内容构成了集专业体育竞技与娱乐体验于一体的内容产业，吸引了众多游戏玩家以外的用户。电子竞技的用户群体也发展成为由核心竞技用户、普通游戏用户、追星娱乐用户、周边消费用户构成的多元化群体。

（三）社会认可度

社会化电竞时期，电子竞技产业步入正轨，已经形成了行业规范和产业标准，并发展成为一个由多个关键环节组成的庞大产业链。王者荣耀职业联赛KPL未来的规划是开创全民电竞时代。KPL在2021年春季赛增设两个临时席位，这两个席位既能保护已有俱乐部的利益，同时给KPL之外的所有人一个进入KPL的机会。同时，KPL将进一步定制赛事，拓宽授权范围，为女性玩家搭建电竞舞台。未来，从全国大赛、从民间到KPL职业的路径将被打通，会有越来越多的人参与到电子竞技中。一系列的赛事升级将使得玩家们可以很方便地进行王者荣耀比赛，并通过全国大赛进入职业比赛，让各大层级的联赛之间有了足够的交流和上升渠道，让全民追逐电竞梦成为可能。

第七节　电子竞技项目的发展

整个电子竞技产业的发展是由多个电子竞技项目的发展组成的。电竞项目的迭代和发展、项目间的相互作用构成了整个电竞产业的发展历程，也形成了电子竞技产业令人应接不暇的发展特点。电子竞技项目的发展大多呈现出生命周期相对较短、爆发力强、与游戏生命周期互相影响等特点。这也为人们更加科学地运营电竞项目提供了思路。

一、电子竞技项目发展特点

（一）生命周期相对较短

每一项电子竞技项目都起源于某款游戏产品。总体来说，电子竞技项目的生命周期与其游戏的生命周期基本吻合。研究电竞项目的生命周期，首先要确定它基于的电子竞技游戏。

某一款电子竞技游戏是指玩家在某个阶段普遍认知的一款游戏产品，包含产品版本的迭代更新。但基于同一游戏品牌的不同代际或不同游戏端的产品，往往会引发游戏玩法、游戏体验或游戏表现力的巨大变化，这样的产品被视为不同的游戏产品。这些变化会导致职业电竞选手的操作技能和竞技水平无法普遍性地平移到另一款游戏上，因此也被视为不同的电竞项目。例如，DOTA和DOTA2就是不同的电子竞技游戏，基于这两款游戏的电子竞技项目也是不同的电子竞技项目。《英雄联盟》和《英雄联盟手游》也是不同的游戏产品和电竞项目。

相对于传统体育行业，由于科学技术的迅速发展，电子竞技游戏和电子竞技项目更新十分频繁。电竞项目生命周期较短是无法改变的客观事实，也是部分传统体育者质疑电子竞技的主要方面。在相对短的生命周期中，如何系统地培养选手？如果参照传统体育的方式去培养选手，可能培养出选手后，这个电竞项目已经不存在了。因此可以确定，传统体育培养运动员的方式不适合培养电竞选手。

但电子竞技从来不缺少职业选手。电子竞技选手能够不断涌现的原因包括：电子竞技这种“小肌肉运动”消耗体能少，能够支持长时间训练；平时的游戏就是实战训练，训练频次高；互联网和高科技设备的普及降低了电竞参与的门槛，电竞用户群体基数大；游戏内普遍拥有排名系统，高水平玩家容易被发现和选拔。

（二）爆发力强

与传统体育相比，电子竞技项目的发展呈现出爆发力强的特点。以电竞赛事的观赛人数为例，顶级电竞赛事的观赛人数已经直追甚至超过顶级传统体育赛事的观赛人数。2016年，《英雄联盟》世界总决赛观战人数达到4300万，力压NBA

总决赛第7场的300万观众人数。作为一个发展只有不到10年的电竞赛事，其观赛人数就能够与NBA比肩，这种爆发力在之前的体育发展历史上实属罕见。《王者荣耀》、PUBG等很多顶级的电竞项目都呈现出这样爆发式发展的特点。某个经典的传统体育项目逐渐积累，具有长时间的巨大影响力，电子竞技通过不同电竞项目相对短暂的爆发力，在年轻人群中有着不亚于传统体育的影响力。

电子竞技游戏和电子竞技项目爆发力强主要得益于互联网和各种应用平台的发展。款优秀的游戏作品通过互联网和应用平台能够快速推广，并在短时间内积累大量的玩家。当玩家的积累达到一定规模，自然会产生出高水平玩家并成为职业选手，电子竞技赛事就开始运作。同时，互联网视频平台、直播平台、短视频平台等传播平台也为游戏和电竞的推广提供了便捷的渠道。

（三）与游戏生命周期互相影响

电子竞技项目的生命周期与其游戏的生命周期基本吻合。游戏产生和发展之后才能开始电竞比赛。游戏停止运营后，电竞也成了无根之萍，随之消失。电竞生命周期与游戏生命周期类似，大致可以分为早期、中期、后期、末期。电竞与游戏的生命周期在各时期相互呼应，但是会呈现出一些不同的特点。

在游戏发展的早期，大多数玩家将体验游戏作为主要的述求和乐趣，对于电子竞技的关注较少。早期的游戏推广和宣传多以增加和活跃游戏用户为主。通过互联网平台的市场宣传和玩家的口碑效应，游戏早期能够迅速积累大量用户。著名电竞产品早期都存在一个增长的爆发期，在这个阶段大量用户进入游戏，甚至形成一定的社会效应。随着用户数量的增长，自然会产生很多高端玩家。他们的游戏天赋较高，操作精妙，对游戏理解比较深，这些高端玩家就是电子竞技的早期用户和初期的职业选手。电子竞技职业战队或俱乐部对有影响力的电竞项目会格外关注，甚至在比赛正式启动前，就开始预先投入资源，组建职业战队。由于市场宣传、游戏推广的需要，电子竞技的正式比赛也会在这一时期开始举办。

在游戏发展的中期，游戏和电竞的人群持续增长。游戏用户的积累度过了早期的爆发式增长阶段，进入了一个相对缓和的增长阶段。在这个阶段，游戏继续深度运营已经积累的用户，并持续增加新的用户。由于电竞比赛的不断举办，这个阶段会产生大量的明星战队、明星选手、令人激动和难忘的精彩竞技时刻，这些元素增加了用户和游戏的联系纽带，使游戏玩家和游戏的联系变得丰富起来。提起某款游戏，玩家不再只想到单纯的游戏，会想到自己喜欢的战队、选手、精彩瞬间。玩家对于职业选手的喜爱有时已经上升到崇拜和追星的程度，与传统体育和传统娱乐的追星文化没有本质差别。电竞爱好者之间经常性地进行关于电子竞技话题的讨论，电竞爱好者也会推荐自己的朋友观看电竞比赛，从而扩大电竞的用户群体。同时，由于地域化和国际化的发展，电子竞技会上升到为国争光的高度，进一步吸引大量用户的关注和参与。在这个阶段，电子竞技的用户大量增加，玩家、游戏和电竞三者的情感连接不断增强。

在游戏发展的后期，游戏玩家开始逐渐流失。玩家（用户）流失的原因可能包括：出现其他用户更感兴趣的游戏；用户的游戏时间被其他事情占用；游戏版本更新迟缓导致用户没有新鲜感；游戏版本更新导致玩法发生变化或用户体验变差等。但是在这个阶段会产生一种特殊的现象，在游戏用户数量减少的同时，观看电竞比赛的观众数量反而增加。电子竞技作为一种内容型产品，其内容观赏性在这个阶段得到突出的彰显。因为游戏用户数量逐渐萎缩，常规推广和运营手段效果欠佳，游戏版本更新带来的用户回流和电竞比赛引发的关注将成为游戏运营的核心手段。在这种情况下，之前电子竞技为游戏积累的品牌和影响力，成为延长游戏生命周期的重要手段，电子竞技“反哺”游戏的阶段已经开始。游戏可以利用这段时间推出新的版本，或者将游戏 IP 进行其他方式的延续。这种“看得多，玩得少”的现象在传统体育中也经常出现，很多观看足球、篮球赛事的爱好者本身并不频繁踢足球或打篮球。

在游戏发展的末期，游戏用户与电竞用户同时减少，因为大量玩家的流失，电子竞技的赛事逐步停办，最终只剩下一些最忠实的游戏玩家仍然在玩这款游戏。这款游戏和电竞会成为大多数玩家的精神记忆，这样的精神记忆会伴随玩家一生，成为游戏和电竞的代际效应，即一代人有一代人的游戏和电竞。这些经典游戏的怀旧版、重制版，或者改编的影视作品也会不断地引发这代人的关注和回忆。

电子竞技项目与其游戏的生命周期相联系，主要是游戏玩家与观看游戏直播的观众相互作用和联系的过程。

二、电子竞技项目的运营思路

目前电子游戏的运营思路和方法已经逐渐成熟，原因主要包括：电子游戏运营已经积累了很多经验并有充分的理论总结；电子游戏的运营水平与游戏收入直接相关；电子游戏的运营有着大量的、可测量的数据指标作为依据。与电子游戏运营相比，电子竞技项目的运营还处于相对初级的阶段，原因主要包括：电子竞技发展时间较短，经验和积累不足；电竞收入规模低，商业模式还在探索；电竞对于游戏营收的帮助仅存在于感性的认知层面，缺少直接有效的数据证明。电子竞技的运营可以从游戏产品和电竞产品的性质上寻找思路和方法。

首先，要充分认识和利用游戏和电竞的爆发力，争取让二者相互促进，形成更大的爆发效果。应该充分利用游戏用户增长的爆发期，更早一些举办赛事，有效利用游戏用户增长的红利期。同时，早期的电竞用户培养和增长，也可以更早、更好地帮助游戏稳定大盘用户。

其次，有意愿成为具有巨大影响力的电竞游戏，要更早将电子竞技作为一项体育项目和内容型产品来打造，而不是单纯地为了帮助游戏获得关注和导入游戏用户。这两种思路差别很大，前者的关键是建立与游戏产品影响力相对应的电竞体育生态和内容矩阵，建立与用户多维度的情感连接；后者的关键仅是堆积推广资源，寻找话题和打造热点，完成一次次市场活动。同时，在打造电子竞技体系时，要明确体系的应用范围，是构建全球的统一电竞体系，还是某个国家或地区的电竞体系。体系范围的大小最终决定电竞的影响力大小。

最后，要综合学习传统体育和其他成功电竞产品的优势，反复迭代自身的电竞体系，选择最适合的电竞体系模式。电竞体系需要考虑的问题包括：科学有效的训练方式，提升选手和战队的竞技水平，提升赛事的观赏力；爆发性的电竞投入与宣传，精良的赛事制作水准，观赏性强、促进电竞用户增长的赛事直播，使电竞与游戏形成良性互动；全球电竞体系和影响力的搭建，使电竞影响力出圈；参考成熟的商业运作模式，增加电竞生态参与伙伴的收益和可持续发展能力；电竞品牌IP和文化的培养，形成多渠道的宣传和内容矩阵，更加紧密地联系用户。

第八节　电子竞技急速发展的应对方法

电子竞技的发展是令人应接不暇的，这个行业不断带给人们新的产品、新的技术和新的模式。人类总会发明更加先进的科技，并且将这些科技应用于竞赛和娱乐中去。

电子竞技产业会因为核心投入方和人群的变化，未来最终发展为社会化电竞。社会化电竞是电竞产业运作和应用模式的新高度，它体现的是全社会参与电竞和享受电竞的过程，以及大量社会资源流入电竞产业造成的电竞影响力提升和文化的进化。就像一项科技成果的推广，电子竞技也会经历相应的过程。而这项科技成果又因为科技的进一步发展，在推广的过程中不断变化。

电子竞技和其他高科技关联的事物类似，从发展之初就注定具有急速变化性，而且这种变化不可避免。传统体育和之前经验虽然可以借鉴，但电子竞技并不能全部照搬，需要持续动态分析电竞产品和电竞现象来应对电竞发展中的新变化。这就需要用创新的方式解决电竞发展遇到的问题。

解决对应问题的总体思路是以迅速的、创新的调整来应对急速的变化。这种“以快打快”的能力是很多产业未来发展需要的重要能力。就科技相关产品而言，科技的发展、市场的变化、人们观念的转变已经很难允许人们制订完美的长期计划了，更加实用的做法是制订短期计划，迅速尝试和迭代调整。类似于软件开发中的敏捷开发，对于科技和互联网创新下的很多应用场景和商业模式，绝大多数都是通过反复尝试，快速迭代不断进步的。面对层出不穷的新事物，“试一试，看一下”可能是比充分研究更好的研究方式。这种以实践为主导的认知方式，与传统的计划、实践、总结经验没有矛盾之处，只不过是将认知的过程缩短，将实践的频次提高。

第三章　电子竞技运动训练相关理论

电子竞技需要遵循一定的教学和培训原则。电子竞技的教学原则是客观教学规律的反映，是长期电子竞技教学经验的总结，是电子竞技教学工作必须遵循的要求和规范。因此，应该遵循一定的原则。

第一节　传统运动训练相关理论

一、运动训练理论的分类

北京体育大学田麦久教授依据理论研究所涵盖的领域，把运动训练理论分为一般训练理论、项群训练理论和专项训练理论三个层次。从理论学习的角度，运动训练学通常指超出专项范围，阐明运动训练基础理论和训练过程中有共性及普遍性问题的理论体系，即一般训练理论。一般训练理论适于大多数运动项目，专项训练理论的针对性和实践性更强。

项群训练理论，是介于一般训练理论和专项训练理论的中间层。项群训练理论是一般训练理论的延伸，又是专项训练理论的拓展。项群训练理论主要揭示同一项群不同项目的共同训练规律。例如，田径、游泳都属于体能主导类项群。

二、项群训练理论

（一）项群的概念和分类

项群是指将运动项目的类属聚合命名。

运动训练学中，运动员的能力分为五个方面：心理、技能、体能、战术、智能。其中，体能包含形态、机能及素质三个方面的状况。

项群训练理论研究各项群的运动员的五种能力，为每种项群初步解决了训练目标、训练内容、负荷量度及训练组织的基本问题。田麦久教授把传统竞技运动分为以下八种项群：①体能主导类速度性项群；②体能主导类耐力性项群；③体能主导类力量性项群；④技能主导类表现唯美性项群；⑤技能主导类表现准确性项群；⑥技能主导类格斗对抗性项群；⑦技能主导类隔网对抗性项群；⑧技能主导类同场对抗性项群。

（二）项群训练理论的应用

以体能主导类速度性项群为例子，概述项群训练理论的应用。体能主导类速度性项群竞技运动通常包括短跑、跨栏跑、短距离游泳、短程速度滑冰、短程速度滑雪、短租自行车和短程划船等，这些短距离的竞技运动需要运动员在缺氧的情况下仍然保持高水平的竞赛能力。

1.训练特征

（1）体能特征。在生理机能方面，体能主导类速度性项群的训练要求较高的速度爆发力，需要运动员神经活动的灵活性高，神经冲动的传导速度快、脑电信号强度大，心血管系统的功能较强，具有 抗缺氧能力和高无氧代谢水平。该项群的训练对身体素质的要求则表现为运动员身体整体的协调及全面发展，速度机能的不断提高。

（2）技能和战术能力特征。技能特征主要包括：①完整的技术动作由相同的动作呈周期性重复构成；②运动员在运动中身体重心在水平方向上呈直线型移动并具有平稳性；③保持运动过程中的动作节奏稳定；④位移速度直接决定运动效果。

战术的制订与应用，是建立在运动员的技术水平之上的，也就是技术决定战术。科学地分配及运用体力，是保证选手体能与技能充分发挥的重要战术指导思想。

（3）心理和智能特征。体能主导类速度性项群的训练要求运动员反应迅速、思维敏捷、行动果断、重视实践，这需要以良好的智能和心理调节能力作为基础。此外，较强的自我管理能力以及意志力、注意力，也是体能主导类速度性项群运动员的重要的心理和智能特征。

上述三种特征是体能主导类速度性项群的特征，也可以理解为训练的目标，即“练什么”。

明确训练目标之后便能通过一般训练理论、专项训练理论、运动生物学和运动生物力学等知识完善训练内容、负荷量度和组织训练。

2.训练内容

（1）体能训练目标。由于体能主导类速度性项群的技术动作相对简单，并具有周期性，因此，体能训练的关键在于挑选科学有效的方法提升体能。训练内容、训练手段简单且有效，避免消耗不必要的体能，集中于提升爆发力、减少单位技术动作时间周期、提高反应能力、提高无氧代谢能力。

（2）技能训练和战术训练。在技能训练中，运动员们需要追求技能的实际效果。技能训练需要重视的是：①技术的完整性；②动作节奏的连贯性；③关键技术环节的时效性；体能与关键技术的紧密结合。由于体能主导类速度性项群运动一般属于周期性运动，认真改进一个完整周期的动作技术对全局都有明显作用。因此，技能训练的关键是提高和完善动作周期的实效性。战术训练则重视自身体能与赛程的适应性，逐步加强控制体能的意识。

（3）心理和智能训练。心理和智能训练主要集中于培养运动员心理调节能力和顽强的意志品质，以及速度感、节奏感和注意力。另外，提高思想和文化水平，也对运动员树立正确的世界观进行科学训练，以及处理比赛中各种突发情况具有重要作用。

（4）组织训练是一项需要实践和创新的活动。这项活动需要教练的知识和经验，将训练内容、专项训练理论与运动员基本素质状况结合来组织训练。各个国家的训练方法都不一样，这需要不断地实践创新以提高训练水平。

对体能主导类耐力性项群运动员来说，高度发展的动力型耐力素质和心血管系统的工作能力是其竞技能力高低的决定性因素；而对体操运动员来说，耐力性素质的重要性则降低了，形态以及对动作的控制能力成为了重要因素。技能主导类对抗性项群运动员训练的重要任务之一是培养在激烈的对抗性活动中的强烈的战术意识，以及努力提高其及时对对手的活动作出适宜的反应，进而克敌制胜的战术能力；而对于射击运动员，则需着力培养其不受对手与环境的干扰，高度集中注意力于自我的心理自控能力。

第二节　智能、智力与脑可塑性

一、智能

智能，是智力和能力的总称。根据哈佛大学教授、著名教育心理学家霍华德·加德纳的多元智能理论，人类的智能包括以下九种：

（1）语言（verbal/linguistic）。

（2）逻辑（logical/mathematical）。

（3）空间（visual/spatial）。

（4）肢体运作（bodily/kinesthetic）。

（5）音乐（musical/rhythmic）。

（6）人际（inter-personal/social）。

（7）内省（intra-personal/introspective）。

（8）自然探索（naturalist）。

（9）生存智慧（existential）。

其中，语言、逻辑、空间、肢体动作、人际、内省六种智能可以用于电子竞技运动领域。

在比赛活动时，良好的语言沟通可以让队伍之间的信息传递效率更高，而人际智能可以让队伍的气氛保持激情来应对比赛的高强度需求。逻辑则是智力对抗运动的核心智能。我们需要对对手的活动作出逻辑判断，这里分为两类判断，一种是根据以往的运动经验（比赛经验、战斗经验等）来作出判断，也可以说记忆是逻辑的一个部件。另一种是毫无经验的新手，则需要从其他经验（游戏经验、生活经验等）来对新情况进行逻辑推理。后者必须多次重复游戏，寻找规律并且记住规律，才有可能进阶为一名有经验的玩家。无论是棋牌类，还是FPS或MOBA类电子竞技运动项目，逻辑推理能力都可以帮助电子竞技运动员提升技术和战术选择能力。逻辑推理能力的强弱也影响着电子竞技运动员的成长速度，逻辑推理能力可以帮助电子竞技运动员更快地总结整理游戏内的技术和战术规律，以及对手技术和战术规律。

内省智能不仅仅能够帮助电子竞技运动员整理失误，更重要的是能够帮助他们认识自我，增强自我认知能力和情绪管理能力，它还有助于提高运动员的自尊、自信。

空间智能则是对游戏内的空间处理能力，这种能力简单地来说是关于电子竞技运动员技能的长度感知能力或者知觉虚拟空间的能力。有时，我们需要对虚拟空间进行感知，比如我们在《CS：GO》中投掷高爆碎片炸弹，需要感知手雷的抛物线及落点。

肢体运作智能则体现在我们手指对于键盘、鼠标的精准操作上。

生存智能可能影响电子竞技运动员的运动寿命。良好的生活习惯可以保持大脑的健康，健康的大脑可以保持电子竞技运动员的竞技水平。音乐智能体现在我们需要对发出声音的位置及强弱作出判断。

自然探索能力则可以表现为对虚拟自然环境的探索发现能力。

二、智力与脑可塑性

（一）智力的发育特点

智商，即智力商数（intelligence quotient，IQ），系个人智力测验成绩和同年龄被试成绩相比的指数，是衡量个人智力高低的标准。智商概念是德国心理学家施特恩首先提出的。

过去脑科专家们认为智商是与生俱来的，遗传因素占主要地位，并且遗传因素决定了一个人的智商上限。他们认为智力随着人类的生理成熟而发生变化，

也就是说大脑的发育是具有年龄特点的，其中最著名的就是瑞士心理学家让·皮亚杰（Jean Piaget）的认知发展理论。皮亚杰把儿童的智商发展分为以下四个阶段：

（1）感知运动阶段（出生至2岁）。这是语言和表象产生前的阶段，相当于婴儿期。本阶段主要特点是：儿童只是依靠感知动作适应外部世界，构筑动作格式。本阶段儿童在认知上的主要成就是：主体和客体的分化和因果联系的形成。

（2）前运算阶段（2~7岁）。较前一阶段，其质的飞跃表现在：由于信号功能或象征功能的出现，这一阶段的儿童开始从具体动作中摆脱出来，可以凭借象征性格式而在头脑里进行表象性思维。这一阶段还可再分为前概念或象征思维阶段（2—4岁）与直觉思维阶段（4—7岁）这样两个小阶段。

（3）具体运算阶段（7—12岁）。这一阶段的儿童认知和思想有两个特点，一是思维开始具有较大的变异性，出现了可逆性（"运算"概念在皮亚杰理论中本身就意味着一种可逆的动作），能解决守恒问题，能凭借具体事物或形象进行分类和理解逻辑关系；二是能对具体事物进行群集运算，包括组合性、逆向性、结合性、同一性、重复性或多余性等运算。但由于这一阶段的运算仍脱离不了具体事物或形象的支持，所以，其运算还是零散的、孤立的，难以组成完整的系统。

（4）形式运算阶段（12—15岁），亦称命题运算阶段。本阶段的最大特点在于：儿童思维已能摆脱具体事物的束缚，不受具体事物的内容的局限，能把形式与内容分开，进行抽象的逻辑思维，即能运用符号进行命题演算，能根据假设进行逻辑推理。在这一阶段里，尽管儿童少年并未意识到某些形式运算结构的存在，但能运用这些结构去解决实际问题。

皮亚杰的认知发展理论具有现实意义：儿童的大脑发育不够完全，应该避免儿童参与电子竞技运动训练。尽管有研究证明电子游戏有利于智力的提高，但是游戏的心理奖励机制可能会诱导儿童的游戏成瘾障碍。

不过皮亚杰的理论还存在相当大的争议，皮亚杰在论著中提供了很多例子，用以说明儿童早在青少年时期以前就表现出某些方面的科学思维。同时，皮亚杰似乎高估了儿童的能力。很多青少年后期的青少年甚至成人似乎并不具备皮亚杰所说的抽象思维，这些人在人群中可能占到最高50%，并且即使那些具有抽象思维能力的人也并不总是运用该能力。而且在个体差异的问题上，皮亚杰也没有做到更多的关注。

尽管青少年的思维在某些方面仍不成熟，但很多青少年已经能够进行抽象推理，并且对未来制订更加现实的计划。

与青少年的智力发育特点相比儿童有了明显的变化，信息加工研究学者已经

确定了青少年认知上的两大类可测量变化：结构性变化和功能性变化。

青少年的结构性变化包括信息加工能力的变化和长时记忆中储存的知识数量的增加。

工作记忆容量在童年中期迅速增加，到青少年期仍在继续增加。工作记忆容量的扩大使得年纪较大的青少年能够解决复杂问题或对包含多种信息的问题作出决策。

获取、处理和保存信息的能力是认知方面的功能，其中包括开阔学习、记忆、推理和决策。数学、空间和科学推理等能力，这在青少年期一般都将会提高。

这些能力的成长使得青少年在电子竞技运动中已经可以胜任电子竞技运动的要求。

（二）脑可塑性

人在各个年龄段的智力发育有明显特征且存在着科学的客观规律，不过我们仍然关心的是青少年或者成人的脑可塑性。

脑可塑性主要是指脑的中枢神经系统的分子、突触、细胞等生理结构及功能发生变化，短期或长期的学习均可引起脑可塑性变化，如产生新的神经连接、新的神经胶质、新的神经细胞和血管，这些变化也进一步支持了人类行为的可塑性理论。电子竞技运动训练可以理解为一种学习行为，学习如何操作、学习如何应付对手的变化等。如果脑可塑性可以被证实，那么电子竞技运动训练就可以帮助青少年或者成人提升大脑的机能，同时也意味着青少年可以通过科学的训练提高电子竞技运动竞技能力。

虽然，人们已经意识到脑可因行为的改变而发生可塑性变化，但其可塑性变化难以直接通过实验进行证明。磁共振成像（magnetic resonance imaging，MRI）技术的出现为探索脑可塑性提供了切实可行的研究手段。1973年，保罗·劳特伯与彼得·曼斯菲尔德开发出了磁共振成像技术，利用水分子中氢原子的核磁共振原理，依据不同组织内水的含量和密度不同，无创地绘制出人体和其他动物体的内部结构图像，该项技术促进了科学家对人脑结构的探索，通过MRI技术，研究人员可以清楚地看到大脑皮质结构形态。1990年，贝尔实验室的Seiji Ogawa等人首次发现了血氧水平依赖（blood oxygenation level dependent，BOLD）的成像机制，运用BOLD成像机制研究生物功能成像技术被称为功能磁共振成像（functional magnetic resonance imaging，FMRI）。基于FMRI技术，研究人员可以观察脑感知外界刺激和执行某一特定任务的过程，依据脑激活区内血液中的血氧变化来判断哪些脑区参与了活动，从而达到揭示大脑特定区域所具备的功能的目的。

近年来，脑科学研究在全球范围内备受重视。2016年，中共中央、国务院印发《“健康中国2030”规划纲要》，明确提出了“启动实施脑科学与类脑研究”。

在过去的20年中，研究人员发现了运动对人类脑健康和功能发展具有积极意义。有研究发现，运动可以改善人脑的认知功能。随着认知神经科学的不断进步，越来越多的科学家开始利用神经影像技术研究某一领域的专家，如出租车司机、杂技表演者、数学家、音乐家。研究普遍认为，人脑结构与功能会随着学习与训练发生适应性变化。比如，伦敦出租车司机大脑空间导航经验相关的海马后叶的灰质体积显著增加；杂技中的抛球训练会引起杂技演员大脑的颞中区和左后侧顶内沟的灰质体积增加。

因此，脑具有可塑性，运动会强化脑的某一功能区；青少年和成人都具有脑可塑性，并且具备终身可塑性。

近些年的研究充分证明了脑可塑性，并且在课题中出现了“运动与脑可塑性”的研究。电子竞技运动可以强化运动员大脑的某些功能区，从而增强电子竞技运动员的运动能力，这适于青少年和成人。

第三节 电子竞技运动训练理念

一、电子竞技运动中的战争元素

（一）传统体育运动无法从战争视角看待的原因

虚拟的电子竞技比赛本质上是一场小规模的电子虚拟战争，战争双方需要依靠个人技术、团队战术等击败对手获得战斗的胜利。因此，我们可以从战争的视角来看待电子竞技的比赛。传统体育运动之所以无法以战争的视角去看待，主要有以下三点原因：

（1）电子竞技运动虚拟空间的自由度比较高、地形地貌丰富，而传统体育运动通常是在狭窄的空间内进行。在比较熟悉的传统团体对抗体育运动中只有足球的空间最大，但是地形是非常平坦的。而地形是非常重要的战争元素，例如，在狭隘的地形中可以狙击敌人，利用地形可以更好地组织实施战术。

（2）电子竞技战队在每一局的比赛中可以击倒、击杀或淘汰对方选手，比如《CS：GO》。而在MOBA类的《英雄联盟》和《DOTA2》中，击杀对方虚拟英雄，对方电子竞技运动员则需要等待所操作的英雄复活再进行战斗。众多传统体育运动项目却不能通过战斗使对方运动员暂时失去行动能力，但是接近的项目有棒球，如三振出局、接杀、触杀和封杀这四种方式可以淘汰对手的运动员。但是这几种击杀方式对比电子竞技世界里的击杀方式说来比较简单，电子竞技比赛里的淘汰对手的方式，其复杂性远比传统体育运动要高很多。

（3）在传统体育领域，各项运动的专项化程度都是非常高的，而战争的元素是非常复杂且繁多的。也就是说传统体育运动规则相比战争活动是非常单一的，无论是训练活动还是竞赛活动都不能从战争的视角去审视，而是要以专项的视角去分析总结运动训练和竞赛的活动规律。不过需要补充的是几乎所有传统体育运动都需要专项战术的支持，但是战争的要素很多，战术范围较广。

电子竞技运动之所以可以从战争的视角来看待，主要是由于它们之间的共性与联系较强。

（二）战争元素

战争古而有之，从古至今就不乏战争的产生、发展、消亡。战争是一种集体、集团、组织、民族、派别、国家、政府互相使用暴力、攻击、杀戮等行为，使敌对双方为了达到一定的政治、经济、领土的完整性等目的而进行的武装战斗。由于触发战争的往往是政治家而非军人，因此战争亦被视为政治和外交的极端手段。这是战争的定义，但是我们并不能从中了解到战争的元素是什么。在此我们也不讨论战争的意义与目的等，我们单从情境的角度就能很好地发掘战争元素了。

1.参战人员

这是显而易见的，双方参战人员的暴力冲突是战争最直接的表现形式，双方的数量是可以计算的，现代战争可以通过计算机模拟，计算战争结果。

2.战争时空

没有一场战争是不需要空间就能进行的，即便是网络战争都需要在网络服务器之间进行。而战争也必然有时间属性，战争的时长也可凸显战争的激烈程度。也正是因为战争具备时空性，战术、战略才有用武之地。

3.武器装备

武器装备从冷兵器时代到现代武器经历了千年的变化。现代武器的种类和数量都远远超越冷兵器时代，其威力是古人无法想象的。不过唯一不变的是参战双方人员必须配备武器，从斧钺刀戟到手枪、机枪、步枪，从战马到飞机、坦克、航母，武器的威力变强了，却没有改变武器的性质，即作战需要。

4.士气

士气是维持意志行为的具有积极主动性（积极性）的动机。士气就内在来源来讲，可分为自觉性、凝聚力和自我实现心理三种；士气就外在表现来讲，可分为勇气、忍性与操心三种。

士气的作用在于激发个体精力、体力、能力等潜在能量于一定的职责、任务乃至个人的人生目标。士气的根基在于由对自我本性本能的觉悟而形成的信念，影响士气的因素在于由信念分化出来的态度和信心，态度从低到高可分为利己心理、归属心理、荣誉心理三个层次，而信心从低到高可分为自我效能感、集体效能感、业绩经验感三个层次。

利己心理与自我效能感在职责任务目标上的对立统一会形成自觉性这一士气状态；归属心理与集体效能感在职责任务目标上的对立统一会形成凝聚力这一士气状态；荣誉心理与业绩经验感在职责任务目标上的对立统一会形成自我实现心理这一士气状态。自觉性在行为作用程度上是最低层次的士气状态，凝聚力在行为作用程度上是中等层次的士气状态，自我实现心理在行为作用程度上是最高层次的士气状态。

5.补给

补给，为了战争全局的胜利而对前线人力、物力、财力消耗的补给，是赖以进行战争和赢得最后胜利的重要保证。其基础在于国家的经济情况和工、农业生产的水准。例如，战争所需要的武器、弹药、油料、粮食、军需器材。

（三）电子竞技运动中的战争元素

通过情境分析，电子竞技运动包含以下几个战争元素。

1.参与运动员

在电子竞技运动项目中，很少有挑战自我极限的运动项目，都是具有“竞技”性质的活动，这就需要双方或者三方及以上的队伍同场竞技。

2.虚拟时空

电子竞技运动的比赛空间是虚拟的电子世界，是由游戏开发人员设计的游戏内的场地。而电子竞技里面的时间也是必要的，尤其在《星际争霸2》中，双方运动员需要通过时间来判断对方的战略、战术，并且依靠侦查获取真实的战术意图。

3.武器装备

在《绝地求生》中，能很明显地看到游戏装备之间的差异，手枪和冲锋枪在远距离都无法抗衡狙击枪或者步枪。而在MOBA类电子竞技运动项目中，每个虚拟英雄都需要通过补兵赢得金币，再通过足够的金币购买游戏内的装备，这些装备强大且特征不同。

4.士气

士气可以通过比赛时队员的表情直接感知到。而且不仅是在比赛中，在训练中也同样如此。士气影响着场上队员的积极性和竞技能力。在训练期间，还影响着电子竞技运动员参与训练的积极性。所在队伍输掉比赛可能会使部分运动员逃避训练，教练应该及时给予心理辅导，使运动员尽快恢复状态，投入正常的训练中。

5.补给

鼠标、键盘和电脑配置可能影响电子竞技运动员的竞技能力，在队伍管理中，俱乐部会给予电子竞技运动员合适的鼠标、键盘、电脑的配置及电脑椅等，使电子竞技运动员没有后顾之忧。游戏内的补给活动在MOBA类电子竞技运动项目中会表现得更加具体。例如,《DOTA2》中存在可以帮助虚拟英雄运送装备和补给的鸡或者飞鸟等宠物;而在《英雄联盟》中,则需要虚拟英雄回到基地进行装备的补充。

(四)电子竞技与战争的联系

以情境的角度分析电子竞技运动与战争的联系,主要具有几个方面的共性:参战人员、时空性、武器装备、士气、补给。从这几个方面可以推出,大多数电子竞技游戏是现实战争的一种虚拟化。

一些电子竞技游戏设计的初衷就是以战争的形式构建的,最为凸显的例子就是《星际争霸》系列的电子竞技游戏。游戏描述了26世纪初期,位于银河系中心的三个种族在克普鲁星际空间中争夺霸权的故事。三个种族分别是:地球人的后裔人族(Terran)、一种进化迅速的生物群体虫族(Zerg),以及一支高度文明并具有心灵力量的远古种族神族(Protoss)。每一局比赛,双方电子竞技运动员需要选择种族,双方开局都只有12个负责采矿和建筑的工人,双方需要采矿,使用资源建造训练士兵的建筑,然后训练士兵进行战斗。

在《CS:GO》中,则直接描述了恐怖分子与特种兵之间的对抗。游戏将玩家分为反恐精英(counterterrorists/CT)阵营与恐怖分子(terrorists/T)阵营两队,每个队伍必须在一个地图上进行多回合的战斗。赢得回合的方法是达到该地图要求的目标,或者是完全消灭敌方玩家。

在MOBA类电子竞技运动项目中,无论是《英雄联盟》还是《DOTA2》的游戏背景皆是正义与邪恶的战争。而且在比赛中,双方选手都需要不断地升级装备,以此增加获胜的概率,最终通过打败对手、突破敌人的防御,拆掉对方最重要的出兵建筑,获得最终的胜利。

我们将大多数电子竞技运动项目理解为一种虚拟战争,便可以借鉴军事理论来丰富我们的知识架构,指导我们如何赢得胜利,这是非常有意义的。

例如,在《绝地求生》实际教学中,教练教授运动员军事理论“包以德循环”,指导学生在《绝地求生》中如何前进达到指定区域,其中“包以德循环”定理是以“观察—调整—决策—行动”这四个步骤为循环的理论,使用此理论可以大幅增强运动员的生存能力与竞技水平。

二、战斗力概述

(一)战斗力的概念

从军事的角度来说,战斗力是由人员和武器装备的数量和质量、编制体制的科学化程度、组织指挥和管理的水平、各种保障勤务的能力等因素综合决定的,也与地形、气象及其他客观条件有关。

在电子竞技运动领域，战斗力是由电子竞技运动员的个人竞技能力、组织协调能力、战术能力和战队管理水平组成的竞技能力。

（二）战斗力的两个维度

战斗力的两个维度包括个人战斗力和团队战斗力。个人战斗力其实就相当于个人竞技能力，而团队战斗力是每个队员的竞技能力、组织协调能力、战术能力和战队管理的综合表现。

1.个人战斗力

个人战斗力代表个人竞技水平，一般表现为天梯积分或排位积分的高低。在《英雄联盟》中设计出了一种数学方法来统计个人的战斗力数值，用于衡量玩家的竞技水平。在《英雄联盟》的发展初期，战斗力数值由基础分、胜率加成分、胜场加成分三部分相加组成。简而言之，如果一个人的胜场越多、胜率越高、排位赛的积分越高，战斗力就会越高。有些玩家可以通过胜场的数量来提高战斗力，包括天梯胜场数和匹配普通局的胜场数。

有时电子竞技运动员个人竞技水平也不完全由天梯积分或排位积分体现，由于战队的训练任务繁重，加上比赛活动和一些商务活动，致使电子竞技运动员没有时间提升排位积分也是很正常的。

还有一种情况就是天梯积分或排位积分很高，但是竞技水平不高，这可能是因为玩家使用的是一些战术上的技巧来提高分数，而不依赖于竞技能力中的操作准确性和反应力。但是，操作的准确性、高反应力、高专注力都是电子竞技职业运动员的必要能力，如果缺乏这些能力就可能无法成为一名合格的电子竞技职业选手。

2.团队战斗力

团队战斗力不是所有队员的战斗力的简单综合，还涉及配合与协调的因素。如果团队配合与协调的能力低，那么团队的战斗力就会受到影响。

团队战斗力主要由训练和比赛中的胜率衡量，此外，可以将击杀数、团战效率、争抢资源等表现作为参考。

我们可以把团队战斗力比作一个木桶，用木桶效应来解释团队的战斗力。

我们可以把每个运动员的个人竞技能力看成木板的长度，把配合与协调能力和队伍管理能力看成固定粘连木板的黏合剂和绳索。优秀的管理能力作为固定木板的绳索，保障电子竞技运动员充足的后备资源和合理分配资源等组织管理能力，它起着加固木桶的作用，为队伍保驾护航。

（三）个人竞技能力

1.鼠标定位能力

尽管电子竞技运动有很多不同的项目，FPS类、MOBA类、棋牌类等，鼠标的定位能力是共同的需求。FPS类型电子竞技运动项目，需要电子竞技运动员准确地把鼠标定位到对手身体或头部，然后开枪进行射击。MOBA类电子竞技运动项目则需要精准的走位和技能命中率，走位和技能命中同样离不开鼠标的精准操控。棋牌类电子竞技运动项目电子竞技运动员必须在短时间内完成出牌动作，包括精准选择牌及其摆放的位置。

在FPS类电子竞技项目中，电子竞技运动员通常会使用一些软件练习定位能力。但是练习软件始终与实战还是具有差别的，这些差距具体表现在：

（1）练习靶子与人物模型的不一致。

例如，在《AimHero》中练习的目标是一个红点而不是具体人形靶子，而在FPS类型电子竞技游戏中所有选手所操作的是虚拟人，电子竞技运动员如果想要快速击毙或者击倒对手，那么必须对对手的头部进行射击。靶子不同的话，电子竞技运动员即便进行大量的《AimHero》打靶训练，也达不到爆头训练的效果。这些训练软件几乎都有这个共同的问题，除了《CS：GO》，电子竞技运动员可以直接选择《CS：GO》创意工坊练枪地图进行训练。

（2）枪械后坐力不同导致弹道不同。

这些练习软件中，即便是同一把款型的枪，都没有统一的后坐力参数（后坐力是弹道的重要参数），也就导致没有一致的弹道。在所有FPS类型游戏中，第一发子弹往往是最为精准的，在摁住鼠标持续开火之后，由于枪械的后坐力会导致枪口的上扬（鼠标准心也会上扬），电子竞技运动员如果不能控制鼠标向下移动，准心就会脱离对方身体，导致不能击中对手。电子竞技运动员尝试第一枪爆头，并向下移动鼠标保持鼠标准心一直锁定在敌人身上（这就是我们平时说的压枪），这是一名合格的FPS运动员最为平常的操作。在这个过程中，如果枪械的后坐力不同，电子竞技运动员在练习时就会使用不同的压枪幅度，就会导致训练与实战的脱节。

而MOBA类型的电子竞技运动项目中，基本是以天梯训练方式为主，游戏自带的练习模式为辅。此类电子竞技运动项目的训练活动中并没有把鼠标定位能力作为一个训练内容，而是把基础竞技能力训练分为走位和技能命中。还有一些玩家通过练习走位的小游戏对鼠标定位能力进行训练。

2.反应力

反应力可以用简单反应时表示。简单反应时，又称A反应时，是指给被试呈现单一刺激，同时要求他们只作单一的反应，这时刺激-反应之间的时间间隔就是反应时。比如说，短跑运动员在听到发令枪响后立即起跑，这一事件就可以作为一个简单反应时任务。这种反应之所以被称为简单反应，是因为特定的刺激与特定的反应间的联系十分明确。这种联系不是一种先天的条件反射，为了建立关系，被试必须进行反复的学习和训练。例如，在按键反应测试实验中，头几次按键反应测试实验可能在250ms以上，经过一定训练后，可达到200ms以下，如果是听觉刺激，可以短至100—120ms。

在FPS类电子竞技运动项目中，反应力是非常必要的一项竞技能力，双方敌人在看见彼此的一瞬间开枪射击，先开枪且命中对手头部的运动员就会有着巨大的优势，因为如果敌人先死掉，那么敌人死亡瞬间开枪射出的子弹也被判定为无效。先发制人在FPS类电子竞技运动项目里有先天独到的优势。当对手突袭，但是没有精准命中要害部位时，高水平的电子竞技运动员可以做到反杀对方选手，依靠的是反应速度和精准的操控技术。当几名敌人包围一名顶尖水平的电子竞技运动员时，极速的反应力可以轻松制服几名敌人。

在MOBA类型的电子竞技运动项目中，则需要电子竞技运动员对对方的行动作出最快速的判断和反应行动，运用闪现（游戏内使虚拟英雄做短途的瞬间移动的技能）或者走位躲避对方的技能攻击。

电子竞技运动训练学中的反应能力与传统体育运动训练学中的智能水平有接近的部分，都是对对手的活动和行为作出快速的判断和合宜的行动。

3.注意力

注意是心理活动对一定对象的指向和集中，是伴随着感知觉、记忆、思维、想象等心理过程的一种共同的心理特征。注意有两个基本特征，一是指向性，是指心理活动有选择地反映一些现象而离开其余对象。二是集中性，是指心理活动停留在被选择对象上的强度或紧张度。指向性表现为对出现在同一时间的许多刺激的选择。集中性表现为对干扰刺激的抑制，它的产生及其范围和持续时间取决于外部刺激的特点和人的主观因素。

注意，通常是指选择性注意，即注意是有选择的加工某些刺激而忽视其他刺激的倾向。它是人的感觉（视觉、听觉、味觉等）和知觉（意识、思维等）同时对一定对象的选择指向和集中（对其他因素的排除）。人在注意着什么的时候，总是在感知着、记忆着、思考着、想象着或体验着什么。人在同一时间内不能感知很多对象，只能感知环境中的少数对象。而要获得对事物的清晰、深刻和完整的反映，就需要使心理活动有选择地指向有关的对象。人在清醒的时候，每一瞬间总是注意着某种事物。通常所谓“没有注意”，只不过是对当前所应当指向的事物没有注意，而注意了其他无关的事物。

注意力是智力的五个基本因素之一，是观察力、记忆力、想象力、思维力的准备状态，所以注意力被人们称为心灵的门户。也就是说在电子竞技运动的整体智力对抗活动过程中，注意力是贯穿全部过程的。由于注意，电子竞技运动员才能集中精力去清晰地感知一定的事物，深入地思考游戏中的问题，而不被其他事物干扰；没有注意，电子竞技运动员的各种智力因素——观察、记忆、想象、和思维等将得不到一定的支持而失去控制。

4.观察力

观察力是指大脑对事物的观察能力，如通过观察发现新奇的事物等，在观察过程对声音、气味、温度等事物有一个新的认识。在电子竞技运动领域中，则指电子竞技运动员通过观察屏幕获得重要的比赛信息或线索。

5.记忆力

记忆力是学习的基础。在心理学中记忆是人类心智活动的一种，属于心理学或脑部科学的范畴。记忆代表着一个人对过去活动、感受、经验的印象累积，有相当多种分类，主要因环境、时间和知觉来分。在电子竞技运动领域中，运动员需要记忆技战术特点，然后根据对手的技战术特点选择适应的技战术。

6.想象力

想象力是人在已有形象的基础上，在头脑中创造出新形象的能力。在传统运动训练中经常使用表象训练，即想象训练时的运动情境。在电子竞技运动训练中，想象力可以帮助我们想象对手的变化，或者预想我们的行动可能造成哪些后果。

7.思维力

思维力包括理解力、分析力、综合力、比较力、概括力、抽象力、推理力、论证力、判断力等能力。它是整个智慧的核心，参与、支配着一切智力活动。当我们需要判断敌人的位置时，时常需要从比赛中的线索，运动员的大脑对这些线索进行逻辑分析，才能预判敌人的位置。思维能力是比较关键的能力。

（四）团队竞技能力

团队竞技能力，又称团队战斗力。从木桶效应我们解释团队需要黏合剂，需要高度的协调配合能力，才能够成为一支优秀的队伍。但是我们仍然要在黏合剂中添加一项材料——教练，教练的战术能力与组织管理能力是黏合剂的重要配方。

三、战斗力、战术、战略之间的关系

战斗力代表电子竞技运动员的竞技水平，战术指导和进行战斗的方法，战略是电子竞技类游戏的全局策划和指导，这三者之间的逻辑关系将指导现在的电子竞技运动学的基本范式。

（一）战斗力与战术的关系

即使是世界上最完美的战术，如果让战斗力不足的电子竞技运动员去执行，也有可能会变成最失败的战术。战斗力是决定战术选择的客观基础，战斗力水平的高低决定了战术的范围，也就是说战斗力高的电子竞技战队可以使用更多的战术，拥有更多的战术选择权。而战斗力偏低的电子竞技战队则拥有较少的战术选择权，如果不依据自身的战斗力选择适宜的战术就会面临全队溃败的情况。

例如，《英雄联盟》韩国电子竞技战队SKT-T1战队所使用的“四一分推”战术。SKT–T1战队凭借这一战术轻取世界冠军，取胜的关键在于战队拥有当时号称第一上单的电子竞技选手Marin。上单选手Marin经常把兵线推到对方塔下，迫使对方打野来帮助上路。他凭借自身的强大实力，在发育期吸引更多的压力，以此给SKT战队更多的空间，让队友掌握更多的关键性资源。当游戏进入中后期时，他的虚拟英雄“剑姬”则单独走一条路，对方任何一个英雄都不能单独阻挡剑姬的推进。因此，对方想要阻止Marin的推进，必须派出两名选手去应对，这就让SKT–T1战队的其余四人有了更多的战术选择，他们可以选择消灭“终极BOSS”纳什男爵获得“男爵buff”（可以大幅加强虚拟英雄属性和小兵属性的状态），也可以选择进攻对方三人防守的防御塔。一旦对方三人出现失误，就可能导致对方战线系统性的崩坏。这套“四一分推”利用上单英雄的强力推进迫使对方使用更多的资源去阻止推进，进而削弱了大部分的团战实力，最终其余四人一点点地蚕食掉对方的出兵水晶，取得最终胜利。但是这套战术也必须保证其余四人的实力和整体协调性都比较好，否则面对对方五个人突袭，很有可能造成重大失利，造成比赛的失败。“四一分推”战术，如果一开始上单选手就一直处于不利的情况，则从开局就几乎无法实施这个战术，自身实力不济，注定了这个战术的无法实现而导致失败。

战术服务于战斗力量，可以优化战斗力量，但是绝不可以超越战斗力的限度范围。兵力数量较少就不可能做到分散与数量多的敌人进行正面对抗，武器装备差的战士就不能单独与武器装备强大的敌人进行作战。我们可以使用战术对数量优势的敌人进行分割和局部重点打击；对武器装备优势的敌人，我们可以避其锋芒，慢慢发育等待时机成熟再发起决战，也可以用数量和地形优势对敌人进行打击。

因此，战斗力是决定性因素，是战术的底层建筑，而战术是指导战斗力的。

（二）战术与战略的关系

战略，是一种从全局考虑谋划实现全局目标的规划，战术只为实现战略的手段之一，实现战略胜利，有时候要牺牲部分利益。战略是一种长远的规划，是远大的目标，往往规划战略、制定战略、用于实现战略的目标的时间是比较长的。

而电子竞技中的战略可以理解为单局游戏中的战略、整场比赛的战略，还有训练战略等，在此章节讲的是单局游戏中的战略，因为它是与战术关系最近的一个概念，而整场比赛的战略一般是5局或7局比赛的战略。

战略与战术的共性是把握战争的发展趋势。在电子竞技运动中，双方的战略都比较简单，因为运动项目本身就是竞技性的，双方必须角逐胜利。双方需要通过战术争取虚拟战争中的优势，直到优势的累积足以压倒对方取得胜利。从概念逻辑层面来说，战术是实现战略的手段、方法。战术的选择实际上制约了战略选择。因此，战术是战略的底层结构，战略指导战术。

（三）战斗力与战略的关系

战斗力是战略的决定性因素。在制定战略方向时，我们首先就要思考战斗力是否能够强于对手，其次再思考使用什么战术，最终决定使用何种战略。

揭示三者关系的意义在于指导电子竞技运动训练的方向，首先是如何提升战斗力，也就是提升电子竞技运动员的个人竞技能力。目前电子竞技运动的训练模式中把练习的重点几乎全部放在了战术训练，而没有寻找到战术执行力根源是战斗力的强弱这一线索，这就导致了很多战队训练很久能力却没有提升。

电子竞技运动员的个人竞技能力决定了战术水平，战术水平决定了战略目标。所以电子竞技运动中的训练计划，应先以提升个人竞技水平为首要目标，然后再磨炼战术水平。战斗力只有达到比较高的水平时，才可以选择相适应的战术，既可以选择水平要求较高的战术，又可以向下兼容选择一些比较容易的战术。

因此，战队内部需要建立职业培育体系，一方面加强现役职业电子竞技运动员的竞技能力，另一方面科学系统地培育青少年来储备电子竞技运动人才。

第四节　电子竞技运动教学与训练原则

训练是指改变受训者素质、能力的活动。和教育一样，训练也是培养人的一种手段。电子竞技运动训练是使电子竞技运动员提升竞技能力的一项活动。原则是指训练需要遵守的法则或者标准，这些法则和标准是根据客观事物运动内在的规律和认识而制定的，需要科学依据。

在传统运动学中，专家已经总结出一套科学的训练原则，这些原则是基于人类训练活动的规律，这是电子竞技运动学可以继承的部分。因为“训练”具有普遍性，电子竞技运动训练和传统运动训练都是为了改变受训者的素质和能力，这些原则具有普遍的指导意义。

一、电子竞技运动的教学原则

电子竞技的教学原则具有很强的实践性和坚实的理论基础。因此，学习和理解电子竞技的教学原理，可以使我们按照电子竞技的规律组织教学活动，正确解决电子竞技的教学内容、教学方法、教学组织形式等一系列问题。

（一）自觉积极性原则

自觉主动原则是指在教学中充分发挥运动员在学习中的主动性，使其处于积极主动的状态，自觉、积极、主动地进行锻炼。

1.自觉积极性原则在电子竞技教学中的作用

与其他课程一样，电子竞技教学是教师教与运动员学的双向活动。不同之处是，其他课程的教学主要是通过思维活动掌握教师传授的科学知识和技能，而电竞教学则是通过人机结合掌握知识、技术和技能，增强手的操作和大脑的思维反应。

此外，在电子竞技教学中，运动员大多是年轻的，是手、脑的巅峰期同时也是成长的叛逆期，所以教学组织工作比较困难，没有自觉的主动性是不可能。正如体育研究指出的，“坚持在于运动，运动在于自我意识”。

2.自觉积极性原则的教学方式

（1）激发运动员求知欲

学习欲望是促进运动员自主学习和探索的欲望。在电子竞技教学中，教师每一步都提出学习的实际情况和要求，以激发运动员的学习欲望，激发他们的学习主动性。教师在教学过程中越能明确具体知识和技能的含义，让运动员知道自己的价值，就越能吸引运动员去学习内容。

（2）引导直接学习动机转向间接

与学习活动直接相关的动机称为直接学习动机和实践学习动机。在电子竞技教学中，要注重教学方法的生动，从而引起运动员的注意，使他们在获得精神满足的同时不断获得知识和技能，从而激发运动员的学习主动性。

但是，直接学习动机是短期的，容易随客观条件的变化而改变。因此，教师在教学过程中应逐步将直接学习动机转变为间接学习动机。如果将直接学习动机定义为短期目标，那么间接学习动机可以定义为长期目标，其吸引力在于学习的社会意义。这种学习动机来源于运动员的理想和长期奋斗的现实。这种学习动机深刻而有意义，可以引导运动员长期的学习倾向。因此，在教学中应反复进行学习目的教育，揭示电子竞技的社会意义和价值，使运动员明确电子竞技的重要性，制定自己的发展规划。如果在每次教学中都解释锻炼的意义、作用和方法，让运动员知道为什么，这样就可以促进运动员从直接动机向间接动机的转变，从被动的学习和训练向自我意识的转变。

（3）及时反馈训练结果

电子竞技训练的效果是渐进的。在训练之初，运动员往往对自己感觉不那么明显，这可能会影响到训练的情绪。动机与情绪状态密切相关，对训练结果的不满意会导致训练动机不佳。只有让运动员随时知道训练效果，才能进一步调动运动员的训练动机。通过实时效果记录，也可以及时从训练方法中发现不足，修改方案，提高训练的科学性。正确的则给予表扬，错误的则指出纠正。表扬可以激发运动员的自尊心、荣誉感和集体主义意识，激发运动员的自觉积极性。

（4）发展兴趣

当运动员对学习内容感兴趣时，他们就会集中注意力，产生积极的情绪，运动员一旦对学习产生了兴趣，就会充分发挥学习的主动性和积极性。强烈的兴趣往往会成为运动员刻苦训练的强大动力。注意是人的心灵对某一事物的定位和集中，注意的心理过程是对事物的反映。注意可以分为两种：无意的和有意的。无意性是由条件刺激或个人偏好所产生的，属于本能的、无意识的目的。而有意注意通常有强制的含义，由于某种需要采取注意。

在电子竞技教学中，对自己感兴趣的内容，自觉主动地学习，可以取得良好的效果。兴趣是注意力的来源，有规律的注意也能引起对某一主题的兴趣。在教学中，教师必须能够善于使用运动员的直接兴趣，合理组织教学，激发运动员练习一些无兴趣，但有训练价值的内容，灵活安排教学内容，使用合理和有效的，各种形式的教学方法和手段来培养运动员的兴趣，同时，加强思想教育，使其明确学习目标，采取正确的态度。

（二）循序渐进原则

1.教学内容的系统性

教学内容的组织应严格遵循教学大纲体系和教材体系。教学大纲具有一定的灵活性，可以根据实际情况选择部分教材内容，注重连贯、新旧知识衔接、主次区别。区分难与易，做到清晰、层次分明、突出，使整个基础教材和选用教材形成一个完整的体系。

2.遵循认知规律

人们对客观事物的认识，是一个从简单到复杂、从低到高、从直观到抽象的“顺序”过程，人们不可能一步到位地认识到任何事物的本质。因此，教学必须遵循这一基本过程，从现象到本质，层层递进，系统连贯，这样才能保证运动员掌握知识的系统性和整体性。运动时间表的周期性变化受人体生理功能的制约，受条件反射、分析和合成的逻辑思维规律的控制。掌握动作技巧，是一个从简单到复杂的循序渐进的过程。

3.因材施教

不同的运动员有不同的基础和学习能力。教师可以根据运动员的实际情况和需求制定不同的学习计划，并严格执行。

另外，在全面实施纲要的过程中，要把握好重点，把握主要矛盾，突出重点，加快由量到质的渐进过程。通过循序渐进的有计划、有针对性的训练，使运动员循序渐进地掌握知识，养成有计划的学习习惯。

4.训练负荷要循序渐进

在安排训练负载的时间、频率、强度和总量时，应注意逐步增加。教师应按时间、地点、人等因素，把握负荷的节奏。公并虽不肯特专题。

（三）运动员主体性原则

由于电子竞技课程的实用性和工具性，教练员应贯彻以运动员为主体的原则，正确分析运动员的个体差异，根据运动员的不同情况采取最适合的教学策略。

1.运动员主体的因素分析

根据马尼兹等人的研究结果，影响运动员利用信息技术自主学习的主要因素和个体学习差异有三个：一是意识和情感；二是学习独立性；三是规划决策与学习强度。在此基础上，运动员在线学习倾向具有4种类型，即变通型、实干型、顺应型和逆反型。

2.贯彻时应注意的问题

在电子竞技教学过程中，应注意运动员的不同基础水平，尊重运动员的不同兴趣、学习倾向和特点，尊重运动员解决问题的不同方式。为使基础差的运动员快速进步，应给予更多的鼓励和帮助，有针对性地进行辅导或采用异质分组的方式组织教学。

（四）操控技能与人文精神共同发展原则

电子竞技是一项新兴的体育运动，我国目前还没有统一的课程规划。电子竞技课程往往被划分为实用技术领域和综合领域，导致许多教练员和教育管理者一般将其视为技能课程，只注重运动员技术能力的培养。电子竞技比赛是通过网络进行的，它提倡奋发图强的电子体育文化，并逐渐成为一个让人们相互理解、相互沟通、相互比较的沟通工具，有着深刻的文化内涵和内容。因此，电子竞技课程的教学必须遵循技能、能力和人文精神共同发展的原则。

1.目标任务要兼顾技术与人文

电子体育不是传统意义上的娱乐，而是具有现代竞技体育内涵和人文精神的网络游戏。它是电子竞技运动员之间智慧的较量，是运动员之间勇气和心理素质的较量。

电子竞技中使用的软硬件设备知识是课程传播的教学内容，而电子竞技的意义、功能和局限性属于人文领域。应该有意识地指导运动员了解电子竞技体育的社会责任和相关的法律、道德伦理、责任、健康、安全等竞技习惯。

从目前常见的电子竞技来看，《反恐精英》《FIFAFootball》《魔兽争霸3：冰封王座》《星际争霸：母胎之战》等都是进口产品，体现了各自国家的文化特色。例如，《星际争霸》就体现了西方权力主义和武器霸权的战争概念。在电子竞技教学中，具有中国文化特色的电子竞技的研究、设计和开发是需要解决的问题。

2.运动员在电子竞技运动的学习中所涉及的社会人文问题

运动员在学习电子竞技课程的过程中，往往要运用信息技术获取信息、加工信息、存储信息、发布信息、交换信息，也就是说运动员必然要参与到这个虚拟信息社会的活动中去。因此，电子竞技教学至少会面临以下两个问题：首先，从技术角度来看，电子竞技依赖于网络环境，学校的网络连接，很可能会影响电子竞技体育运动员的学习过程。互联网中的信息是真实与虚假、健康与有害、真理与邪恶、科学与迷信、时尚与传统的结合，这些信息会给青少年造成冲击，冲击的主要方面无疑是人文精神价值、审美意识、社会责任感、判断能力等。这就要求教练员对其进行正确的引导，培养其正确的信息意识、情感和道德修养。例如，要重视培养运动员对网络信息的评价和识别能力。运动员应该学会欣赏美，拒绝丑，知道如何追求健康有用的信息，识别无用和有害的信息，了解时尚和经典传统的关系和区别。这种发展应该根据不同的运动员来进行。

此外，由于电子竞技的身份相对保密，一些运动员可能会在网上玩游戏时进行恶作剧，甚至做出违法行为。电子竞技教练员在教学中不应忽视这种影响，在传授技能和方法的同时，也要始终坚持运动员的道德修养。例如，在教学中，运动员即使在虚拟社会中也应该被训练互相尊重，不应该使用侮辱性的语言。

（五）授人以渔原则

“授人以鱼不如授人以渔。”这句话出自《老子》。与其教一个人如何钓鱼，不如教他如何学习知识。授人以渔，是道；授人以鱼，是术。有道无术，尚有术可求，有术无道，止于术。

教学要强调“授之以渔”而不是简单地“授之以鱼”，即让运动员学会如何不断学习新的东西，特别是教运动员如何利用信息技术学习。教学中要注意运动员向电子竞技系统求助的方式，而不是只注意某一款游戏软件的操作细节。例如，《魔兽争霸》的版本已经升级为《冰封王座》（魔兽争霸3：冰封王座）。不同的版本会有不同的策略和技巧，教会运动员如何学习的方式比简单的教他们如何掌握某一版本的使用更有利于他们理解电竞赛事。在教学中，运动员要努力学习，不要害怕犯错误，而是要从错误中学习。

二、电子竞技运动的训练原则

（一）竞技需要原则

竞技需要原则是指根据提高运动员竞技能力的需要，从电子竞技运动项目本质出发，科学安排训练的整体阶段划分及训练内容、方法和负荷等因素的训练原则。

这项原则根据训练目标研究开发训练内容和方法等，指导教练和电子竞技运动员能够始终专注训练目标，不偏离目标，防止训练活动发生偏移。电子竞技运动项目之间存在差异，每一项电子竞技运动项目都具有差异性，这就需要每个项目的运动员具有不同的竞技能力。《英雄联盟》《DOTA2》都是MOBA类电子竞技运动项目，与《星际争霸2》等RTS类电子竞技运动项目相比有很多不同。MOBA类需要电子竞技运动员更关心对手和自己之间的距离、技能等信息，RTS类需要电子竞技运动员具备操作速度和战术思考等能力。但是这些电子竞技运动项目有一点要求是共通的，即要求电子竞技运动员需要不断地关注“小地图”的变化。从注意力的角度上来说，任何电子竞技运动项目都需要运动员以极高的注意力来时刻注意那些微小的变化，但是《星际争霸2》这类游戏的顶尖选手需要注意力在快速切换的画面中进行快速操作，而在《英雄联盟》中切换画面只是为了获取信息而不需要太多操作，在这两种类型电子竞技运动项目中注意力的范围不一样，操作的频率也不一样。

我们需要根据每个项目的运动特点来研究训练内容、方法、手段和负荷等内容，这些运动特点决定了该项目对竞技能力的要求。因此，对每个电子竞技运动项目进行特点分析，是研究训练内容和手段的重要前提。

（二）动机培养原则

动机培养原则是教练必须掌握的原则，通过培养激励电子竞技运动员的动机，可以使电子竞技运动员们忍受单调枯燥的重复练习，调动他们的训练积极性。通过动机激励，还可以使运动员们提高自信、自尊水平，并且培养他们的独立思考能力及自我情绪管理能力。

这项原则的依据包括班杜拉的自我效能理论、哈特的能力动机理论、尼科尔斯的目标定向理论等。这些理论都指出教练在团队中的作用，教练的重视与鼓励对于运动员来说可以增强他们的运动动机，如果教练没有足够重视队员，可能导致其退出电子竞技运动。教练让团队形成任务掌握气氛还是竞争气氛影响着每一个运动员的动机。教练鼓励电子竞技运动员积极完成适合个人特异性的任务目标，尽量不主张团队内的竞争，因为竞争气氛容易伤害低能力水平的运动员的自信，但是可适当鼓励竞争欲望和能力比较强的运动员的竞争意识。研究指出，教练鼓励运动员积极提高自己的任务难度，有助于其提高学习、自信心和知觉能力。

在鼓励任务目标的气氛中，电子竞技运动员可以收获的是成功、满意度和愉悦。现在电子竞技运动的整体水平逐渐提高，不仅仅是电子竞技运动员个人竞技能力的整体提升，还有与能力匹配的战术也在扩展与升级，这就使得训练的目标提升了。训练目标的提升就必然会导致系统训练的时间变久，这使电子竞技运动员需要承受更多的心理负荷和生理负荷。在此期间，运动员还会受到内外多种因素影响，其中一些消极影响可能直接或者间接地破坏电子竞技运动员的运动动机，比如伤病、升学或者父母的压力。成功、满意度和愉　等积极影响可以使运动员保持良好的动机，同时需要教练不断地激励电子竞技运动员坚持艰苦的训练。

教练除了要鼓励电子竞技运动员，还要分清楚鼓励的是内部动机还是外部动机。对于青少年，教练要激发其内部动机和培养其自信心。外部动机通常是奖励、表扬、奖金、社会认可和惧怕惩罚。如果过于强调外部奖励，容易促进运动员的外部动机，这个促进行为就会减少运动员的内部动机和自我知觉，使运动员成为教练的“傀儡”，为了奖励或者避免惩罚而训练。这样的结果就是，电子竞技运动员没有更强大的动机去认真刻苦训练，也就缺乏了积极性。对于成熟的运动员来说，他们的心理能力较为成熟，可能会把一些外部动机转化为内部动机。不过这种内化的具体目标应该是：把外部奖励（赞扬、奖牌、奖金）视为对优异成绩的奖励和对继续参与活动的激励。教练应该帮助年轻的运动员理解和认识外部奖励。教练不应该鼓励运动员将任何外部奖励看得比参加电子竞技运动本身还重要而去追求。

在具体的实践中，教练还应该本着教育的理念，树立正确的电子竞技运动观念。当电子竞技运动员代表国家参赛时，他们代表的就是国家，应展现良好的竞技精神，树立积极勇敢自信的国人形象。

（三）有效控制原则

有效控制原则是指教练对电子竞技运动训练活动各环节和阶段实施有效控制的训练原则。训练中应对各个阶段作准确控制和把握，包括训练内容、量度及实施，保证运动员科学地进行训练，保障运动员在每个训练阶段既不会放松训练又不会超负荷训练。教练应对电子竞技运动员的训练阶段作出明确的判断，并帮助他们作出调节。

1965年，苏联学者召开了以“控制论和运动”为主题的国际体育科学学术讨论会，这次讨论从更广泛的意义上探讨了在体育运动领域运用控制理论的可能性、必然性和基础。20世纪70年代，我国学者开始对体育控制理论进行研究。之后，田麦久的项群理论分别从不同层面对训练过程的结构、组织形式和训练计划实施等进行了研究，并且提出了一些具有指导作用的训练原则和方法。

现代控制论是实施有效训练控制的理论基础。控制论、信息论和系统论等系统科学的基本理论与方法运用到运动训练活动之中，用于建立模式训练体系。科学家们还提供了丰富的数学研究方法来完整体育控制理论。

完整的训练控制系统结构应具备以下几个基本环节和要素：

（1）控制主体（教练等）和被控对象（运动员等）。

（2）控制信息（讲解、示范、负荷等）和前向信息控制道路。

（3）反馈装置、反馈信息和反馈信息控制通路。

训练过程控制理论主要涉及以下三个方面：

（1）训练周期控制理论的研究。

学者们主要依据生物科学中的超量恢复原理、机体适应原理，系统科学中的阶段性与整体性原理，对不同田径专项训练周期的设计与安排，以及训练方法、内容、手段、原则等方面进行了较为广泛而细致的研究。其代表性观点包括：扎亚克提出短跑运动员参加比赛所需的直接准备期限较短，一般以4周为一个训练周期；罗为信提出长跑训练周期相对较长，一个完整的训练周期应为10周左右，因为只有经过10周的系统训练才能够形成一定的竞技状态，并可延续3周左右，6周以下的训练过程则不能形成竞技状态。电子竞技运动训练周期的相关研究较少。《绝地求生》是一项综合性极强的电子竞技运动项目，一般认为《绝地求生》普通玩家晋升为职业电子竞技运动员至少需要16周，因为这款游戏不单单是射击游戏，还可以将其理解为特种求生作战，需要运动员了解地形，掌握驾驶技术，理解投掷物、步枪、狙击枪的特性，还要学会特殊的游戏技巧、战术等。相比之下，《英雄联盟》的整体训练周期可能更长一些，因为《英雄联盟》中可使用的虚拟英雄非常多，现在已经达到140多种，每个英雄的角色特性、操作技巧和英雄之间的组合与配合都使《英雄联盟》的整体训练周期变得更长。

（2）训练负荷量度的研究。

训练负荷问题研究主要从生理学的角度展开，而电子竞技运动的训练负荷问题的研究主要依据脑科学、运动医学和心理学。现在很多俱乐部或者战队的每日训练时间非常严格，可能在12个小时以上，但是训练效果却不尽人意。除了训练内容和训练模式的问题，训练负荷量度是否超过了健康用脑的时间？在传统运动项目中高运动负荷训练能够促进运动成绩，但是电子竞技运动是否可以借鉴呢？产生这些疑问主要是由于我们对于大脑的研究还不够全面，现在只能够凭借实践经验来评判和调节电子竞技专项运动负荷量度问题。传统运动和电子竞技运动最大的不同就是电子竞技运动是一项智力对抗，大脑需要飞速运转，传统运动则主要靠躯体，这些器官的构造相比大脑比较简单。因此，电子竞技运动训练中的负荷量度问题还有待进一步的研究。依据大多数教练的经验，假设一天8场训练赛，从下午1点到傍晚5点半，晚6点到夜10点半，共计9个小时的高强度实战训练，持续一周的话，即便在8小时充足睡眠的情况下，也会造成电子竞技运动员大脑休息不足。

（3）训练模式的研究。

在传统体育运动领域中有两类研究训练模式的角度：一类是从数学角度，主要是对专项身体素质训练、专项训练技术和专项训练和比赛等内容做统计学分析研究；另外一类是从专项训练角度，对运动员的一般和专项身体素质训练、专项技术、赛前和赛中的心理训练等内容进行训练学研究。电子竞技运动训练学缺乏大量科学实验，必须依据一些合理的推理来借鉴传统运动中的精华，但是仍然需要数学的支持，那些数学工具也能够帮助我们揭秘一些大脑的秘密。从专项训练角度看，少部分电子竞技教练使用着各自开发的训练模式，但是多数电子竞技教练仍然把训练模式这个问题抛给电子竞技运动员，只提训练目标或只做战术指导。这对年轻的电子竞技运动员来说有一些“残忍”，使得其缺少监督与管理。在田径运动领域，短跑运动员通过长跑增强耐力和力量，这种方式被称为“辅助练习法”。我们可以将这种训练模式的思维借鉴到电子竞技运动中，把FPS和MOBA类电子竞技运动项目分别做专项运动特征解析，通过这些特征分析出对电子竞技运动员的运动要求，并且对他们的某一项指标进行单独训练。比如，针对《英雄联盟》中技能的准确性这一要求，教练可以记录顶尖水平的经典比赛中所有运动员技能的命中率统计分析，然后统计分析出顶尖电子竞技运动员的技能命中率，以此为训练目标，然后借助游戏中“训练模式”或者其他练习游戏（如《AimHero》）帮助电子竞技运动员提高控制鼠标的定位能力和技能的准确性。

在有效控制原则下的电子竞技训练活动，可以总结为以下几个步骤：①了解电子竞技运动员初始状态（技能水平、心理等）；②制定适宜的训练目标；③及时反馈训练效果，以便调整训练目标或者解决阻碍问题。

（四）系统训练原则

系统训练原则是指持续地、循序渐进地组织运动训练活动的训练原则。这一原则的基础如下。

1.训练与学习过程的长期性

电子竞技运动员不仅需要不断掌握操控鼠标、键盘练习技能的使用技巧，还要学习虚拟人物的技能机制，因为我们无法实际去感受虚拟的部分。对于所有人来说，训练和学习有个共同的特性：需要时间积累。我们身上的每个细胞都会适应变化，并且这种适应是需要时间的。电子竞技运动员也不会一出生就达到职业水平的竞技能力。我们学习和训练都不能离开神经元的生长，神经元生长并形成新的神经通路，而重复的训练和学习都会加强神经通路的功能。个人的训练和学习是如此，团队配合训练也是如此。电子竞技运动员之间配合完成某些特定的战术行动，必须经过长时间的多次练习，才能相互协调、默契配合，做到在赛场上使用屏幕信息和队伍语音了解队友的情况，实时交流或者按照事先计划完成战术配合。

2.训练效应的不稳定性

即便是每天进行大量的鼠标定位练习，运动员也很难做到像机器人一样十分精准且不受时间、空间及其他外界因素影响。定位能力的高低取决于手脑协调、注意力和反应力，受到这三个因素的综合影响。注意力和反应力是有联系的，但是注意力本身就是一个不稳定的能力模型。在比赛中，电子竞技运动员的注意力可能会受到场内或者场外的干扰，例如，比赛中的局势突然变得不利，这种突发事件影响到了电子竞技运动员的情绪，使其很难集中或者过于集中而失误。电子竞技训练效果的不稳定性来源于内部因素，以及训练的消退效应。如果长时间不进行定位能力训练，就有可能发生消退效应。其他的消退效应还发生在技术和战术上。虽然经过职业训练的电子竞技运动员在大脑中还保留着部分技术、战术的记忆，但一些技术是需要反复训练才能够保持高水平，如投掷技术、枪法、技能组合。这些存在消退效应的技术一般是较为复杂的活动，比如对于FPS类电子竞技运动项目的枪法，鼠标定位能力、对不稳定的弹道可控制力和极速的反应力决定了电子竞技运动员枪法的水平。因此，要想获得理想的训练效果，有效地发展运动员的各项能力，就必须坚持训练过程的连续性、系统性。

3.人体生物节律与训练阶段

生物节律理论诞生于20世纪初，德国医生威尔赫姆·弗里斯和奥地利心理学家赫尔曼·瓦斯波达通过对临床病人长期观察，发现病人体力、情绪的盛衰呈周期性变化，其周期分别是23天和28天。奥地利因斯布鲁克大学的阿尔弗雷特·泰尔奇尔教授从数百名高中生和大学生的考试成绩研究出人的智力也是以33天为周期波动的。综上，人体的体力、情绪、智力按正弦函数呈周期性变化，周期分别为23天、28天、33天，每个周期分为“高潮期”“临界期”“低潮期”。在高潮期，人的体力充沛，心情愉快，情绪高昂，反应迅速，思路敏捷；在低潮期，人的体力下降，情绪低落，智力下降；在临界期（即高潮期与低潮期过渡的那一天），人的体力不济，容易疲劳，心情烦躁，控制能力差，注意力不集中，容易出差错。

生物节律性是生命活动的基本特征之一，合理利用生物节律，对提高身体素质，提高工作、学习、运动、训练技术水平，减少疾病和预防运动损伤，都有重要意义。

电子竞技运动训练应结合人体生物节律进行，情绪对电子竞技运动有一定影响，这是因为情绪会影响到运动员的注意力、反应力甚至是逻辑推理能力，还因为电子竞技比赛的紧张激烈程度高，赛场上的对抗形势瞬息万变，情绪上一个瞬间变化都可能决定一局比赛的胜负。因此，教练应该帮助电子竞技运动员在情绪低潮期调整情绪，同时在训练中注意人体生物节律问题，训练效应也会随着人体生物节律发生正弦变化，不必太过纠结某一刻电子竞技运动员的训练成绩，也许他们正在从高潮期滑向低潮期。

因此，遵守系统训练原则就要建立健全电子竞技运动训练的系统性、长期性。对于青少年训练队，4—16个星期为一个训练大周期，根据16—20岁青少年的发育特征划分训练阶段。在长期的训练中，教练应该一直鼓励电子竞技运动员构建正确的内部动机，使运动员对训练活动具有积极性和创造性。教练也需要对这个年龄段青少年的人生观进行一定的辅导，帮助他们认识到训练付出与比赛结果的辩证关系，鼓励他们的心理朝着积极的方向发展。

（五）区别对待原则

区别对待原则是指对于不同专项、不同的电子竞技运动员或不同的训练状态、不同的训练任务及不同的训练条件，都应有区别地组织安排各自相应的训练目标，给予相应训练内容的原则。在训练中需要区别对待以下三个维度：①专项训练活动；②电子竞技运动员的特征；训练条件。

运动专项方面包括专项成绩的决定因素和专项成绩的发展规律。例如，MOBA和PFS类电子竞技运动都比较需要高水平的反应力，棋牌类电子竞技运动项目则更需要数学能力与记忆能力。

区别对待电子竞技运动员的各项特征，包括生物学特征、心理学特征、社会学特征和训练学特征等。每个训练对象都有不同的生物学、心理学、社会学及训练学方面的特征，这是贯彻区别对待原则时经常需要考虑的因素。

生物学特征包括：年龄、性别、形态、发育状况及个人的生物节律等。例如，同是15岁，但发育有差异，发育早的可进行较多的专项素质训练，而发育迟的则不宜安排过多的专项训练。

心理学特征包括：气质、个性及参加训练的动机等。在训练和比赛中，对不同性格的训练对象，教练应运用不同的语言艺术进行指导。性格外向的运动员对教练刺激强烈的语言比较容易接受，性格内向的则恰恰相反，往往会因此损伤其积极性和自尊心。

社会学特征包括：家庭状况、生活习惯、文化水平等。例如，对待文化水平较高、理解能力较强的运动员，教练可多进行一些必要的讲解使之通过理解，即借助第二信号系统帮助其更好地完成训练任务。对文化水平偏低或初次参加训练的少年儿童，教练则应多做示范，发挥直观教学的作用，使之理解、掌握新的技术动作。

训练学特征包括：训练年龄、接受负荷能力等。针对年龄相同但训练年限不同的电子竞技运动员，安排负荷时也应有不同的要求，使其在合理的训练要求之下完成训练任务。

因此，教练应该就上述特征区别对待电子竞技运动员。

关于训练条件，必须考虑训练所处的时期和阶段。教练应了解不同时期与阶段下不同运动员的不同特点，以便在训练时提出不同的要求。而场地、气候、环境、饮食等条件也是贯彻区别对待原则所必须考虑到的因素。

（六）刻意训练原则

1.刻意理论

佛罗里达州立大学心理学家安德斯·埃里克森（Anders Ericsson）首次提出“刻意练习”这个概念。这套练习方法的核心假设是，专家级水平是逐渐地练出来的，而有效进步的关键在于找到一系列的小任务让受训者按顺序完成。

在关于一个人的成就是依靠天赋（遗传）还是训练效果的争论中，天赋决定论已经盛行100多年了，时至今日的电子竞技运动领域或者平常生活中，大部分人还是坚信训练无法达到至高的技能水平。

（1）天赋（遗传）对个人成就的作用

当今，我们绝大多数人还是主要以基因解释人类的高水平成就，也大肆流传着个体智力高低取决于母亲的基因。但是遗传对个人成就的作用一直也饱受着争议，因为它无法作出全面的解释，如果该理论可以解释70%的现象，就仍然有30%不能解释，那么就不能确立该理论的科学性。主要的证据来源于以下几点：

来自运动领域的证据证明，以前的研究证明人体器官是基因表达的结果，是不可能被改变的，但是后来的研究发现，例如心脏容积大小也可通过训练改变的。例如，顶尖长跑运动员在5年的训练后可具有更大的心脏容积，一旦终止训练，10年内心脏容积会缩小至正常水平。

在绘画领域中，有人分析毕加索、保罗·克利等著名画家20岁之前的作品，发现这些绘画天才在图解能力的发展方面，与天赋较低的一般人没有很大的差异。他们在青少年时期的绘画是非常一般的作品。他们之后的成名是由于练习的大量累积和不断进步，这就说明了训练对于成就的作用。

（2）训练对个人成就的作用

训练而非天赋对获得专长具有决定性作用，当然这要在正常范围之内，排除先天缺失，正常的范围就是个体之间不存在较大的生理差异。很多关于训练与成就的讨论主要围绕下面两个观点：①个体只要有足够的训练便可达到最高行为水准；②一旦通过训练掌握基本知识和技能便可很快达到杰出水平。这两种说法都是不准确的，训练讲究训练内容、训练组织，单纯的训练无法成就高水平的运动表现；高水平的运动表现并非只掌握基本知识和技能便可以很快达到的。通常来说，在高水平的电子竞技运动中，耀眼的运动表现需要以大量基础训练作为积淀，因为大量基础训练巩固一部分自信心，另外一部分自信心来自有难度的训练。强大的自信更利于电子竞技运动员的临场发挥，造就其高水平的运动表现。

在刻意训练理论研究中，Thorndike发现，个体在执行常规任务时的表现没有在最高水平上进行的表现要好，那是因为我们还有很多需要改进的方面，或不知道如何指引训练，或不够在乎改进，或是上述三方面原因共同作用的结果。因此，埃里克森认为，个体行为表现的改进并不是训练积累的自然结果，必须通过更优化的训练内容对当前训练行为作有意识的重构。很多专长研究说明了专长的获得是一个长期训练的结果。1973年，诺贝尔经济学奖得主、人工智能研究的开拓者Herbert Simon和William Chase在研究国际象棋大师的成长规律时发现：再伟大的天才，也需要十年修炼成器。音乐作曲领域中，Hayes统计得出，达到顶级水平至少需要十年的前期训练准备，从个体开始学习音乐到写出最著名的作品通常需要大约二十年时间；即便是音乐天才莫扎特也是在21岁时创作出大师级的作品，并在6岁之前已经和父亲进行了3500小时的训练。基于上述对遗传决定个人成就的反驳以及对错误的训练观点的纠偏，埃里克森认为，早期的研究发现训练方式和运动、才艺表现之间相关性较弱，不能证明遗传因素是具有决定作用的，而得出谬误的原因在于这些研究者没有意识到训练的长期性与特殊性的影响占比，他们的结论是短期研究所获得的结果。埃里克森最终表示，个体的最终成就是通过刻意训练获得的，应当将这种训练与一般训练区分开来，而且需要在一个较长的时间跨度里考察。

2.刻意训练理论

（1）刻意训练的特征

刻意训练活动、工作活动以及娱乐性活动，这三种活动的目标、代价和回报均有不同，个体从事这些活动从每日或每周的次数也是不同的。我们可通过分析刻意训练活动与工作及娱乐性活动的区别，来说明刻意训练理论的特征。

我们先来分析工作活动，工作的目标是获得外部奖励，需要个体付出劳动和时间。工作主要特征是在时间限制内完成工作量、获得金钱奖励；并且保证不能犯错误，因为犯错误的代价就是丢掉工作失去经济来源。因此，工作人员更倾向于解决工作内的问题且不犯错，于是他们就失去了探索的机会，倾向于保守地完成工作。而刻意训练活动需要提升自己，在提升的道路中就离不开犯错误，错误的改变源于持续获得有效反馈，刻意练习是以未知和错误为中心的练习。

娱乐性活动，其最主要特征是活动本身具有内在娱乐性，大部分游戏玩家从事的是娱乐性电子竞技运动。娱乐性活动所需要的专注力与刻意训练是不同的。刻意训练活动中“犯错误——信息反馈——行为改进”这一过程中需要较高专注力，高专注力提升了训练活动的质量与效率。

基于上述分析可见，刻意训练具有如下特征：①需付出意识努力；②不具有内在娱乐性；③不获得即时的外在激励反馈；④目的是改进个体当前行为水平；⑤不同领域有效的刻意训练活动不同。

（2）以刻意训练解释专长的获得

Bloom曾描述了顶级专家成长的三个明显阶段：①在儿童时期，他们很早便投入其领域的玩耍性活动中；②在一段时间的玩耍性经历之后，他们表现出某种“倾向性”，此时，父母开始寻求教师的帮助并进行有限时间的刻意训练，支持其形成训练的常规习惯，并通过使他们注意到行为的进步使其认识到这些训练的工具性价值；③随着经验的增加和刻意训练水平的提高，他们在其领域的表现反映出一种训练与“倾向性”不可分的整合。

阶段I起始于个体参与某领域活动，止于刻意训练开始；阶段I包括长时间的准备期，止于全身心地投入刻意训练；阶段Ⅰ包括专注投入刻意训练以改进行为，止于个体可在该领域作为职业人士谋生或止于不再进行全身心投入的训练。

埃里克森进一步补充认为，上述三阶段尚需扩展至第四阶段，即达到顶级行为水平，在该阶段个体全面超越了其导师的知识和技能水平，并能对该领域作出原创性贡献。埃里克森认为，在所有四个阶段，刻意训练的时间量和水平，决定着个体的当前行为水平及其进一步提升的速度。埃里克森提出这种以刻意训练解释不同水平专长获得的理论以单调收益假设为基础，也就是说，个体投入刻意训练的时间量与其达到的行为水平单调相关。因此，依据这一假设，个体应当使其参与刻意训练活动的时间量最大化以获得最高水平的行为。但埃里克森指出，刻意训练并非短期的或简单的，需至少十年的时间，并应克服如下三种限制方可获得最优化：

资源限制。刻意训练需要个体投入时间及精力，需要获得老师的指导及训练材料和训练器材的支持。

动机限制。参与刻意训练并非如游戏般能自然获得行动的动力，个体必须认识到刻意训练对其行为进一步改进的重要意义。

努力限制。刻意训练是一种需付出努力的活动，必须每天进行，但训练的时间应有限度，不能导致身心疲惫或崩溃。

（七）重复训练原则

电子竞技运动员需要通过学习新的游戏技术与战术来增强战斗力。当我们学习新技术或者战术时，我们就需要把这些新的知识存储在程序性记忆里面。

程序性记忆是一种惯性记忆，也是非陈述性记忆，又称技能记忆，是指如何做事情的记忆，包括对知觉技能、认知技能、运动技能的记忆。程序性记忆是关于如何做某事或关于刺激和反应之间联系的知识。这里要区别于“肌肉记忆”。“肌肉记忆”是指人体的肌肉是具有记忆效应的，同一种动作重复多次之后，肌肉就会形成条件反射。在电子竞技运动中，运动员所使用的身体部分几乎就只有手指和手臂，而且在电子竞技运动中复杂的连续高难度操作使得手指运动也随着操作难度而复杂起来，几乎不可能单纯地靠手指和手臂肌肉去记忆，因此运动员的每一项高难度技术操作都是经过大脑的高速处理，通过调动内隐的程序性记忆，驱动手指进行的。

程序性记忆的关键就是重复训练。学术界仍在讨论着动作技能与内隐学习的关系，有相当多的理论曾试图揭开技能学习的面纱，如闭环理论、图式理论、信息加工理论。不过从目前实践结果来看，重复训练原则是电子竞技运动训练不可缺少的一项原则，可以有效提升电子竞技运动员的竞技技术和战术。

（八）切勿长时单调训练原则

重复训练原则中，重复训练有助于程序性记忆的强化，可以使电子竞技运动选手的技术操作更为流畅自如。但是每个人都会有心理疲劳，并不建议让电子竞技运动员长时间重复某一训练。心理疲劳是脑力劳动繁重或长时间从事单调活动引起的，这种心理状态会降低电子竞技运动员的训练效果，具体表现为注意力、观察力和反应能力降低。

对于电子竞技运动员来说，要注意劳逸结合，工作要分清轻重缓急，合理安排时间，生活要有规律，重视积极性休息，适时参加一些体育锻炼，如跑步、游泳、打球或步行，以提高运动员机体的活力、精力和人体在应付复杂枯燥工作时的适应能力，从而避免因从事的活动过于单一而产生单调、消极的心境。同时，电子竞技运动员一天训练时间长达十几小时，需要有坚强的意志力，在身心疲劳时也能克服惰性、顺利地完成自己的任务，达到确立的行动目标。因此，平时要从小事做起，培养胜不骄、败不馁、百折不挠的顽强意志。

在训练时，教练应当注意两点，一方面努力研发有趣的训练手段，提高训练活动的趣味性和挑战性；另一方面，要重视适时变化电子竞技运动员的训练任务。

第四章　电子竞技选手的技战术训练及体能训练

当我们观看传统体育赛事时，我们期望运动员在赛场上表现出色，并被这些明星的高超技术所打动，这代表了竞技体育的另一个维度——技术、战术和体能。电子竞技运动员的技战术就像球技的磨砺一样，也需要突出的天赋和刻苦的练习才能得到提高，在练习中运动员的风格也逐渐形成了自己的特色。

值得一提的是，无论是传统体育还是电子体育，在中国仍然缺乏一套完整的训练体系，所以我们很难判断一个孩子是否具有非凡的天赋。由于电子有着天梯系统这一天然的选材渠道，可以直接选择最好的运动员，与此同时，电竞选手的形成过程比传统体育要快很多，所以在人才选择上还不至于饱受争议。

第一节　电子竞技选手的基本技术及训练

电子竞技的基本技术是为了完成电子竞技而采用的方法。电子竞技作为一项新兴的体育运动，其基本技术也有着独特的地位。它的技术表现很大程度上取决于运动器械的性能，以及运动员末梢神经的灵活性。电子运动基本技术训练包括：鼠标点击、键盘基本操作、地图熟悉。

一、影响电子竞技运动基本技术的因素分析

（一）外部因素

1.竞争规则

竞争规则直接制约着技术的发展方向和速度。任何竞技体育的竞技技能都只能在竞赛规则所允许的范围内存在和发展。篮球三分球的规范促进了远射技术的发展，乒乓球直径的增加使乒乓球技术更加多样化，排球各球计分制度的规范加强了排球技术的稳定性。电子竞技是一项在统一竞赛规则约束下相对公开、公平、

公正的竞赛。规则是强制性的，而且每个规则的目的都非常明确。这些规则的局限性也影响了电子竞技基础技术的发展。

2.技术环境

技术环境是指运动员（队）周边群体（国家、地区或运动队）的整体技术水平。实践证明，良好的技术环境对运动员学习、掌握和应用运动技能具有重要作用。在很多项目中，优秀的运动员只有在良好的技术环境中才能产生。技术环境在当前体育职业化进程中的作用尤为突出。中国篮球运动员姚明在NBA经过两年的训练和学习，技术水平有了明显的提高。十几岁的日本足球运动员前往巴西学习，培养出了亚洲最好的足球技术。同样，技术环境也是影响电子竞技技术发展的重要因素。

3.技术发展

体育技术的发展在一定程度上离不开科学技术的发展和进步。甚至有些技术没有技术就不能存在。例如，撑杆跳的“弹射”是建立在FRP杆的制作基础上的。“鲨鱼皮”连体泳衣的出现，极大地促进了游泳技术的发展和运动成绩的提高。乒乓球拍两面性质不同的胶面促使了切片和“反向”发球技术的出现。在一定的条件下，运动员所使用的运动器材和训练方法的科技程度是决定运动员运动技能乃至运动成绩的关键因素。科学技术的发展使体育技能向更高水平发展成为可能。

作为一项高科技电子竞技，其体育技术的发展无疑在很大程度上受到了科技发展的影响。在电子竞技比赛中，规则允许玩家自带设备，设备的先进程度和技术含量会极大地影响比赛的结果（如鼠标和键盘的灵敏度）。

（二）内部因素

1.选手的控制和协调能力

任何体育技术必须采取物理运动的形式表达，运动技术的合理性取决于运动员肌肉群的协调程度，而这种协调程度取决于合理的神经系统对肌肉的精细控制，即协调能力。因此，中枢神经系统的控制表现为肌肉的协调和支配。从神经系统的角度来看，运动技术的完成主要取决于相关神经元的连续脉冲、脉冲的频率和脉冲到达的确切时间。

协调能力是指运动员身体的不同系统、部位和器官相互配合完成技术动作的能力，协调能力是运动技能形成的重要基础。从生理的角度来看，运动技术的形成是条件反射的建立和巩固，协调能力好，就可以合理地使用各种已经掌握的功能储备，使大脑皮层的临时连接迅速建立，加速新技术的掌握。从专项训练的角度看，运动技术的形成使运动员按照动作的空间、时间和节奏的要求进行练习。有了良好的协调能力，就可以在实践中掌握上述时空和节奏的特点，从而快速提高运动技能的学习和训练水平。

2.参赛者的感官感知能力

运动员在完成各种技术动作时，需要各种感官和知觉的参与。肌肉运动感觉在其中起着重要作用。经过反复练习，运动员的各种感官的灵敏度得到了高度的提高。为了满足特定训练的要求，专门化知觉也得以形成和发展。运动员能够清晰地感知自己的动作，所以他们的动作具有很高的准确性和协调性。从训练实践中可以发现，在很多情况下，运动员的感觉感知能力水平与运动员的技术水平密切相关。

3.能够操作键盘和鼠标

运动员积累的运动技能越多，他就越能顺利地建立新的条件反应，从而掌握新的技术动作。运动技能的存储量越大，运动员在学习新技术动作时，运动技能之间的正向转移越容易，运动技能的组合越容易。电子竞技的基本技术相对简单。就其结构而言，运动员的键盘操作技术、鼠标操作技术以及键盘与鼠标之间的配合对其技术水平有很大的影响。

4.球员的个性和心理特征

作为一项以智力为主导的运动项目，运动员的运动水平和技术学习在很大程度上受其智力水平的影响，同时还取决于运动员的注意力、思维、自信和意志等心理素质。特别是电子体育技术的学习比较枯燥。运动员在单纯练习指法或鼠标操作时容易注意力不集中。因此，学习和掌握电子竞技技术有利于培养电子竞技运动员良好人格和心理素质。

二、电子竞技运动基本技术的训练方法

（一）重复训练方法

重复法是指把同一个练习重复多次的方法。通过同一动作或同一组动作的重复，不断加强动作条件反射的过程，有利于运动员掌握和巩固技术动作。通过相对稳定负荷强度的多重刺激，身体能尽快产生较高的适应机制，有利于运动员的发展，提高其敏捷性和协调性。构成重复训练方法的主要因素是单（组）练习次数和练习强度。重复训练法包括短时间重复训练法、中时间重复训练法和长时间重复训练法。

1.短时间重复训练法

它一般适用于快速技术的训练。例如，《反恐精英：零点行动》游戏操作键练习，W（前进）MOUSE1（主攻）；S（向后）MOUSE2（次要攻击）；A（向左）R（装弹）；D（向右）数字键/鼠标中轴（切换武器）。再如足球中射门技术动作的练习，接传球的练习，接投的练习，投（踢）的组合技术动作的练习。短时间重复训练法的应用特点是一次练习负荷时间短（约在30秒 ），动作速度快，单个动

作或组合动作各环节前后稳定。间隔过程多采用肌肉按摩放松方式，以促进身体尽快恢复功能，重复和分组的次数相对较少，可有效提高单项技术动作或组合技术动作的熟练度、规范化和技能化。

2.中等时间重复训练法

一般适用于低对抗强度条件下的技术训练。如FIFA2004，各种技术动作的反复实践或单一技术的重复练习。中间时间重复训练法也广泛适用于运动员学习、形成和巩固较低强度的运动技术，掌握局部协调的运动战术。中等时间重复训练法的应用特点是一个动作的负荷时间更长。中时间重复训练法可以有效地提高运动项目的技术衔接。

3.长时间重复

主要适用于复杂战略条件下的运动技术训练，如阶梯式、足球对抗中各种技战术的系列性练习、连续攻防的对抗练习、组合技术的反复练习等。该方法也适用于单方技术动作的训练，或难度小、负荷低、技力强的技术动作组合训练。长时间重复法的应用特点是练习时间更长，在各种竞技电竞中，技术动作的训练形式多种多样。同时参与技术战术训练的人数较多，训练时组织难度较大。

（二）直观法

直觉法是指运动员在技战术训练中常用的一种训练方法，它利用运动员的各种感觉器官建立练习的表象，获得感性知识，帮助运动员正确思考和掌握技术。

运用直观法时应注意两点。首先，根据具体情况和可能性，提高多感官综合分析能力。电子竞技运动员综合运用感觉器官的能力越强，就能越快地感知和掌握技战术的运用。各种感觉器官的功能往往是阶段性的，如开始与键盘和屏幕接触时，视觉效果更大；但在提高的过程中，更多的是通过肌肉本体感觉来改进和完善技战术。其次，运用直观的方法，激发电子竞技运动员共同的积极思考。感性认识必须从积极思维过渡到理性认识，才能形成正确的行动观，从而掌握和运用各种策略。

（三）完整法与分解法

1.完整法

指从一个技术动作的开始到结束，没有任何部分或环节，完整地进行练习的训练方法。完整法的优点是，它是运动员建立完整的技术动作概念的开始，不会影响动作的结构和各部分之间的连接，保持完整的技术动作和每个部分的结构。这种方法主要用于学习简单的技术动作或无法分解的更复杂的技术动作。

完整训练方法可以用于单个动作的训练，也可以用于多动作的训练；可用于个人动作训练，也可用于集体动作训练。对于单个动作的训练，要注意各个动作环节之间的紧密联系，注意逐步提高训练强度，从而提高整个练习的质量。在多动作的训练中，尤其要注意在做好每个单动作的同时，掌握好多个动作之间的串联和衔接。对于个别动作的训练，不同的锻炼目的有不同的要求。为了提高动作质量，可以要求运动员在动作中间停止练习，指出问题，加深印象，重新练习和提高。在集体协调战术训练中，应将最终的战术效果作为训练质量的评价标准，并根据实际需要灵活组织完整的战术训练。

2.分解法

指将一个完整的技术动作按其基本环节分为几个相对独立的部分，使运动员分别进行练习的训练方法。其优点在于采用分解训练法可以集中精力完成专项训练任务，加强对主要技术动作的训练，从而获得较高的训练效益。当技术动作过程较为复杂时，可进行分解训练，而采用完整的训练方法不易使运动员直接掌握情况，或者技术动作的某些环节需要更详细的专项训练时，常采用分解训练方法。由于分解实践是掌握技能的一部分，它通常被视为完整实践的补充。例如，在反恐精英中，AK和M4是游戏中使用频率最高的两种步枪，精确度高，威力大。为了更好地发挥自己的力量来，可以先练习两连发射，加单点，控制节奏，灵活把握场上形势，然后辅以扫射。连续发射的准心变化可分为精确阶段、上升阶段和稳定阶段。在每一阶段的分解练习后，将准心、轨迹、时间有机结合，完成一个完美的按压动作。而对，直说这是来源自中

需要注意的是：(1) 对于比较复杂的技术动作，可以先采用分解法，然后完成练习。在这种情况下，必须注意不要损害行动的完整性。也就是说，动作阶段的划分应以不影响技术动作的结构特征，不破坏动作各部分的有机联系为原则。(2) 对于一些不是很复杂的动作，可以先完成练习再分解练习。(3) 一般来说，技术要求水平越高，分解实践所占比例越大。(4)“先分解后完成”或“先完成后分解”并不是固定的学习和培训程序。教练员应根据技术动作的难度、结构（部件的数量）、运动员的年龄和心理特征来决定采用哪种方法。

（四）减难法与加难法

在电子竞技技术训练中，减难法是指难度低于各类电子竞技训练和比赛要求的训练方法。例如使用各种热键。这种方法常用于技术学习的初始阶段。加难法是指技术训练中难度高于竞赛训练要求的训练方法。例如在电子运动训练中，熟练使用各种热键，从而增加了训练难度。这种方法在优秀运动员的训练中经常使用。

第二节 电子竞技选手的基本战术及训练

战术是指运动员在比赛规则允许的范围内，为了击败对手或达到预期的结果

而采取的策略和行动。战术包括战术思想、战术指导思想、战术意识、战术知识、战术形式和战术行动。战术指导思想是战术活动的核心。战术的针对性和有效性是否强，取决于战术指导思想的正确与否。从哲学上讲，战术的作用大于各部分的总和。

战术能力是指运动员（队）掌握和运用战术的能力，是运动员（队）整体竞技能力水平的重要组成部分。一个球员的战术能力（团队）是反映在先进战术概念，个人战术意识和身体的协调意识，战术理论知识，掌握战术行动的质量和数量，使用策略的针对性和有效性。不同的竞技体育对运动员（队）战术能力有不同的要求。相对而言，技战术对抗项目、场内对抗项目和净对抗项目对运动员战术能力的要求最高。目前，中国国家体育总局宣布，电子竞技项目主要有四大类：CS、FIFA、星际争霸和魔兽。因此，本节主要结合以上四类项目来探讨电子竞技的战术能力和训练。

一、电子竞技运动基本战术的特点与分类

从电子竞技的概念上可以看出，电子竞技既不同于真正的竞技体育，也不同于网络游戏。它在两者之间。它既具有现实竞技体育与网络游戏的共同特征，又具有新体育自身的特点。电子竞技战术是指运动员在电子竞技中为达到预期目标所采取的一切策略和手段。

（一）电子竞技运动基本战术的特点

电子竞技作为一种基于虚拟空间的新型竞技体育，有其自身的战术特点。首先，电子竞技的策略具有很强的现实依附性。目前，国际公认的官方电子竞技大致可以分为两类：军事模拟类和体育模拟类。无论是军事模拟还是运动模拟，其战术的运用和实施都离不开原项目的战术特点，对原项目有很强的依赖性。其次，电子竞技的战术比较理想。电子竞技战术的运用存在一定的理想化。与真实项目相比，在战术的操作和应用中，意外情况相对较少。

（二）电子竞技运动基本战术的分类

1.根据进攻性和防御性进行分类

根据电子竞技的攻防性质，电子竞技的基本战术可分为进攻战术和防守战术。在电子竞技中，进攻战术可以简单地概括为获得阶段性或决定性胜利的灵活多变的策略或方法，具体可分为探索性进攻和决定性进攻。探究式进攻顾名思义，是指通过进攻战术找出对方的真实情况和存在实力，以便及时制定正确的作战战略，为决定性的进攻做好准备。《CS》《星际争霸》和《魔兽争霸》中的探索任务和小规模遭遇战，以及《FIFA》中的早期组队攻击都属于探索攻击。决胜进攻是指发展正确的战术来决定比赛的结果。

防守战术是指在一定时期内，为了保持自己的力量，最终取得决定性胜利而采取的战术。在具体的比赛中，防守战术的运用具有很大的灵活性。不同的项目使用不同的防守战术，即使是同一个项目，在不同的情况下使用的防守战术也大相径庭，要根据具体情况而定。但是它们也有一个共同之处，那就是在使用防守战术时，必须在自己兵力的范围内使用，否则就是战术的失败。更具体地说，FIFA要求运动员之间保持一定的距离，这样如果他们不能利用进攻战术突破对方的防线，球总是在他们的影响范围内；在CS中，要求玩家之间保持一定的距离，同时站好位置，互相掩护，及时防御，确保每个玩家都在自己的射程内；在《星际争霸》和《魔兽争霸》中，团队被要求全部进入基地营地，集中火力，以确保生产设施不受攻击，并将人员人数降至最低。

2.根据项目需求和战术行动中参与者的数量分类

根据这种分类方法，电子竞技的基本战术可分为个人战术和团队战术。个体战术是指运动员在战术活动中的个体行为。在比赛条件下，每个运动员的个人战术是由多个因素组成的综合体，也就是说，个人战术表现是指个人的意识、知识、技术、身体能力、心理素质和战术行动方式等因素。在电子竞技中，个人战术的运用在赢得比赛中也起着至关重要的作用。特别是在CS中，在一对多的情况下，正确使用个人战术会产生意想不到的结果。个人战术固然重要，但每个相对独立的因素或方向都不能独立地控制和支配运动员的战术动作，个人战术是各方面共同作用的结果。

所谓团队战术是指在团队竞争的战术活动过程中，团队所表现出来的组织行为或群体行为。在许多团体赛中，团队战术是比赛成败的关键。团队战术也有自己的特点。

首先，任何队伍或运动队都是由几个人组成的，但是队伍所表现出来的团队战术并不是几个人战术的简单相加，虽然这两种战术有着非常密切的关系。但事实上，团队战术与个人战术至少在一些方面有所不同。首先，团队战术表现出一种组织性。该组织将几个单独的个体行为连接成为一个行动主体。在这里，每个球员的个人战术只是球队战术系统的一个组成部分（或子系统）。因此，团队战术的结果是整体效果的表现，而不是由任何一个球员的战术决定的。但是，正如人体系统中一个子系统（如消化系统）的故障会影响人体系统其他部分的功能一样，单个运动员的战术错误也会影响团队战术。例如，FIFA游戏，如果一名球员漏掉了对手，人盯人防守可能会导致球队的防守出现漏洞。但是，由于球队战术的组织性，个别球员的缺席所造成的临时空缺，可以由其他球员的协助和补充防守来弥补。

第二，团队战术表现出一致性。这种一致性并不意味着团队战术活动中每个参与者的战术是相同的，而是行为的目标和导致联合行动的动机是一致的。球队的战术目标不是由个人目标决定的。在这个共同的战术活动过程中，个人目标必须服从于团队的共同行为目标。团队战术行动的成功与否很大程度上取决于团队中每个成员是否能够遵从团队的目标，即行为目标是否一致。成功的战术协调往往是参与协调的几个参与者目标一致性的具体表现。

第三，团队战术具有多样性，即在同一时间，一个人只能执行一种行为，而团队可以同时执行多种不同的行为。例如，在《魔兽争霸》和《星际争霸》中，当前面的单位组织协同攻击时，后排和前排的单位组织保护或防御进攻的玩家。同样的道理也适用于CS和FIFA。

第四，球队战术也表现出一种集中性。这种集中战术的主要特点是保持人数优势，以群众战术迅速歼灭敌人。数量优势是战略和战术上最常见的制胜因素。虽然在实际战斗中不可能在所有地方都取得优势，但通过在决策点巧妙地调动队员来创造优势是必要的。所有的行动都必须或多或少地以出其不意为基础，才有可能获得主导地位，扰乱和挫败对手的士气，并最终取得胜利。越是把所有的力量越集中在一个行动、一个时刻，就会越有效。以最大的优势在最适当的时间、地点、方向对敌人发动全方位的突袭、合围、偷袭。

目前在我国的电子竞技中，比较注重个人战术的运用，而不重视团队战术的运用。其实，个人战术运用的好坏，在很大程度上取决于集体战术的配合。重视团队战术，积极发展团队战术已成为我国电子竞技发展的当务之急。

二、影响电子竞技运动员基本战术运用能力的因素分析

（一）内部因素

1.军事因素

军事科学是研究战争的性质和规律，指导战争的准备和实施的科学。它可以大致分为古代军事科学和现代军事科学。这里所指的军事因素，外延概念相对较小，仅指虚拟电子竞技中一方为赢得竞争而采取的战略战术。虽然从外延上讲，它比人们实际所说的军事科学要小得多，但它们的共同之处在于，都是通过一定的“战争”手段，达到了既定的目的，取得了最终的胜利。学习一些国内外古今军事知识，如中国的《孙子兵法》《武经总要》、国外的《论战争》，对提高电子竞技运动员的竞技能力有很大帮助。

2.心理学

心理学是指研究人类和动物心理过程和行为的科学。从字面上看，心理学的意思是“对心灵的研究”，专注于个人和群体行为。心理学的其他专门领域包括儿童心理学、教育心理学、运动心理学、社会心理学和比较心理学。心理学家研究范围广泛的课题，包括学习、认知、智力、动机、情感、知觉、个性以及遗传或

环境对个体差异的影响程度。人类的任何活动都会涉及心理问题，电子竞技作为人类社会活动的一部分也不例外。在高强度、激烈的电子竞技比赛中，保持良好的心态，保持稳定的情绪，使技战术正常发挥，是运动员赢得比赛的正常条件。相反，如果不能保持良好的心态，过于紧张，会导致比赛的失败。例如，在2004年，中华全国电子竞技对抗赛魔兽争霸比赛中，中国队的一员，未能发挥他的技能和战术，导致整个游戏失败。

3.身体健康

在电子竞技中，虽然对身体的要求没有现实生活中那么高，但是电子竞技比赛的高强度是由于相对较短的比赛获胜时间造成的。因此，拥有一定的体能也是电子竞技成功的重要内在原因。

（二）外部因素

1.机械和设备

包括比赛、广播、裁判和服务器的机器，以及运动员提供的鼠标、键盘和耳机。这里提到的机器设备主要是指运动员自己提供的鼠标、键盘和耳机。这些设备的质量在一定程度上会影响游戏的速度、控制的准确性、游戏状态判断的准确性等，进而影响游戏的最终结果。电子竞技运动员必须配备一整套高科技、熟悉的设备。

2.现场环境

如今，大多数电子竞技场馆都位于室内。因此，场地环境对电子竞技运动员战术能力的影响主要体现在场地观众对比赛的关注程度上。在这一点上，就像足球比赛一样，观众情绪高涨，大声呼喊，在主场比赛中会给球员很大的精神支持，他们经常会超越自己的水平，并最终获胜。观众的冷漠反应，在一定程度上也会影响运动员的情绪。

3.竞争规则

中国的电子竞技才刚刚兴起，在很多方面都借鉴了国外电子竞技的规则。然而，适合我国实际情况的竞争规则尚未制定完整。因此，不完善的比赛规则必然会在一定程度上影响运动员的战术能力。

三、电子竞技运动基本战术的训练方法经方微珠露

个人战术的培养应该从动作目的与战术行动的关系出发，即让运动员知道需要什么样的行动才能达到什么目的，什么行动可以达到什么目的。此外，个体战术意识还体现在运动员对行为环境的积极反应中。因此，运动员战术意识的培养还应培养其识别和预测战术态势的能力。总之，个人战术是个体的自觉行为，而个人意识的培养是塑造这种行为的第一步。严格地说，战术意识的发展没有固定

的模式，一个人的战术意识是一直在形成的。以下是一些基本的训练方法：

（一）知识培养法

知识作为客观存在和主观存在的产物，影响着人的意识。因此，组织运动员学习战术知识是培养战术意识的必要措施。学习过程中掌握的经验知识和理论知识成为个体理解和评价外部世界，影响个体态度形成的参考标准。个体的战术意识是在模仿、识别、强化的过程中逐渐形成的。从参加2004年全国电子竞技锦标赛的队伍组成来看，既有大学毕业生，也有中学毕业生。总体而言，知识水平有待提高。

（二）问题解答法

意识的形成需要思考。教练员可以通过情境提问的方式让运动员回答解决方案。对于运动员的回答，无论正确与否，都不应该简单地肯定或否定。而是要用归纳法从浅到深进行分析，提出进一步的问题，让运动员思考得更深入，思考得更广。这可以通过理论学习、战术训练、观看游戏实战视频来实现。问题可以有很多种形式，比如“在这种情况下你会怎么做”“在那种情况下你会怎么做”“为什么在这种情况下你要采取这种行动而不是那种行动”等等。

（三）问题猜想法

猜谜是培养运动员对形势发展趋势的认识与想象力和创造力的一种方式。教练可以通过描述片段（最好有显示）或播放视频，让运动员实战猜测后面会出现什么样的情况，所有的运动员都应该被鼓励去继续思考，它将帮助运动员根据可能导致的后果进行推断。

（四）引申练习法

所谓的引申练习法就是不断地将问题引向各种变化，要求运动员不断地解决新的问题。显然，这种方法有助于培养运动员的快速决策能力和思维敏捷性。

第三节　电子竞技选手的体能训练

体能似乎是电子竞技的最大问题点，大部分的传统体育对身体都有一定的锻炼作用，电子竞技似乎只是玩游戏，我们玩篮球，足球也可以锻炼身体，玩游戏对我们的身体并没有太大的帮助。但这并不成为电子竞技的负面原因，其实还有一些体育运动不是剧烈的锻炼，比如射击，这些体育运动属于小肌肉对抗项目，要求运动员对肌肉的精确控制，肌肉的耐力、柔韧性、反应和协调性对运动员都有巨大的考验。这是电子竞技和棋牌类竞争的最大区别。当然，有些电子竞技更像是智力竞赛，比如围棋和纸牌游戏。

由于不同形式的对抗，电子竞技的体能和传统体育的体能也不同，但最终都需要玩家有能力维持在高强度对抗的竞技状态，这一点上传统体育和电子竞技是相同的。当一个选手在比赛的时候，他会把所有的精力都投入到游戏中，这也是一个巨大的体力消耗。比赛后，他会觉得很累，而不是像我们通常那样轻松舒适。

诚然，长期沉迷于游戏和缺乏锻炼确实会影响玩家的身体素质，但电子竞技作为一项运动，对玩家的能力要求很高，并不是传统印象中玩家都可以成为专业的电子竞技选手那样。

一、电子竞技运动选手体能训练的功能

体能在电子竞技中的重要地位决定了体能训练是电子竞技运动员整体训练的重要组成部分。体育训练的内容、方法和手段的选择应严格根据自身的特点和提高专项运动能力的需要。不符合特殊要求的训练是没有意义的，也不能称之为真正意义上的体育训练。因此，只有将电子竞技体育与体能训练科学紧密地结合起来，才能发挥电子竞技体育体育训练的积极作用。体育训练在电子竞技中的作用概括如下：

（一）保证选手适应现代运动训练及比赛的要求

随着科学技术的发展，现代科学技术广泛应用在监测运动员的训练过程中，使训练过程迅速改善，在挖掘人类体育的潜力的过程中，取得了突破性进展，大大提高了运动表现，使比赛场上的竞争越来越激烈。如果一个选手想要赢得总冠军，他或她必须执行多年的系统锻炼和强化训练，以便有机体进行长期的生物转化，并掌握合理、经济、适用的技术和战术。

（二）促使选手更好地掌握技战术

竞技比赛的制胜要素是运动员的技能和智力，因此电子竞技专项体能训练最终应服务于电子竞技运动员技战术水平的提高。当今电子竞技技战术的多样化和复杂性对电子竞技运动员的生理机能和竞技素质提出了更高的要求。而这些特殊要求仅靠专项技战术训练是无法达到的，只有通过体训系统才能满足。毫无疑问，良好的身体素质是电子竞技运动员掌握各种技战术的基础。因此，只有系统的体能训练，才能促进电子竞技运动员各组织、器官和系统功能的全面协调发展，为运动员掌握更复杂、更先进、更合理的运动技战术提供可能性。

（三）培养选手良好的心理素质和顽强的意志品质

随着竞争的日益激烈，现代电子竞技比赛对运动员的心理素质提出了，更高的要求。实践证明，体能训练非常有利于训练运动员适应比赛的心理要求。诚然，与技战术训练相比，电子竞技体育专项体能训练的过程可能是枯燥、繁琐、非常痛苦的，但反复冲击身体运动极限是克服生理障碍、锤炼运动员顽强拼搏意志品

质的一种非常有效的方式。

（四）延长选手的运动寿命

受伤对运动员来说是最可怕的事情，因为他们经常会毁掉运动员的“美好未来”。即使是顶级电子竞技选手也难以摆脱伤病的困扰。这样的“昙花一现”在巅峰时刻对个人玩家和中国电子竞技的负面影响都是致命的。因此，如何预防和减少训练和比赛中损伤的发生，已引起教练员和训练专家的关注。实践证明，对电子竞技运动员进行体能训练不仅能有效提高运动员的运动机能和运动表现，而且有利于运动员延长保持高水平运动能力的时间，减缓运动能力的下降。由此可见，体育训练不仅保证了运动员的系统训练，而且保证了运动员高水平运动能力的持续时间，从而有效地延长了运动员的生命。

二、电子竞技运动选手身体形态与机能的特点

（一）电子竞技运动选手的身体形态特点

在身体形态方面，电子竞技项目的具体要求并不是太高。可以说，不同形式的人都可以参与其中。然而，要成为一名职业选手，具备项目的专项身体形态特点是不容忽视的。

一般来说，电子竞技体育对职业运动员的身体形态有以下要求：

1.身体相对比较匀称

因为电子竞技玩家长时间以相对固定的坐姿工作，所以需要一个相对

健康的身体来满足这一特定特征。想象一下，一个大肚子的人连续几个小时坐在电脑前，腹部的脂肪向心脏施压，这有多痛苦。

2.眼睛要有神

眼睛的大小并不是电子竞技玩家的特定外形要求，但眼睛长时间移动的能力是职业电子竞技玩家的基本要求。

3.手指细长

我们经常注意到钢琴家的手指有一个共同的特点，那就是手指比较细长，这是长期特殊练习的结果。同样，电子竞技需要长时间的鼠标点击和拖动，职业选手的手指也有同样的需求。

（二）电子竞技运动选手的机能特点

在功能方面，电子竞技运动员的神经类型和心理素质对有效参加训练和比赛很重要，因为项目的区别，队员的特征明显，电子竞技体育运动员的神经类型和心理素质特点主要包括以下方面：

1.神经过程的高兴奋性

运动员的神经过程必须具有较高的兴奋性、良好的反应能力和柔韧性，才能

保证在体育比赛中反应迅速、敏捷，具有较强的适应性，以满足快速多变的比赛需求。

2.神经过程是高度平衡的

运动员在紧张的过程中要保持高度的平衡，保持冷静稳定的情绪，能够在紧张复杂的比赛中保持清醒冷静的心态，做出正确的判断。

3.精神状态稳定，有弹性

由于比赛持续时间较长，运动员的神经活动和心理状态应保持稳定和有弹性，这样才能在长时间和整个比赛中保持足够的精力和稳定的心理状态。

4.调理快，分化细

由于技术水平高，技术全面，比赛要求运动员反应快，分化好，以便尽快学习和掌握各种技术。

三、电子竞技运动选手运动素质的特点

体育素质是达到现代高水平的基础。没有高度发达的体育素质，就不可能掌握高超先进的技术，没有高超的技术，就不可能在世界重大比赛中获得一等奖。电子竞技运动员的体育素质表现出以下特点。

（一）反应快、动作快

大多数电子竞技体育运动都需要坐在电脑屏幕前，在虚拟空间中进行比赛，它可以快速、频繁地改变对方战队的进攻战术。这就要求运动员在进攻技术和防守技术上都要有快速的反应速度和操作速度，神经系统和肌肉系统都要跟上比赛发展的要求。因此，可以说速度是电子竞技运动员体育素质的中心环节，特别是反应速度应成为运动员体育素质发展的重点。

（二）上肢动作的高度灵活性

虽然电子竞技游戏主要是关于大脑反应，但技术动作最终依赖于手指点击键盘和拖动鼠标点击。因此，高灵活性的上肢运动（主要是手指端）往往成为获胜的关键，这就需要玩家在日常练习中训练神经中枢支配手指末端长时间运动的能力，并建立一个相对稳定和协调的条件反射。

（三）较好的耐力素质

解剖学上，电子竞技涉及的主要肌肉群有眼肌群、手肌群、颈部肌群和躯干肌群。培养这些相关肌肉群的耐力素质是不可忽视的，尤其是速度耐力。试想一下，以一个相对固定的姿势（坐姿）长时间不停地点击和拖动鼠标移动并不是一件简单容易的工作，如果没有较好的耐力很容易造成紧张。

电子竞技要求运动员长时间盯着电脑屏幕，并根据对手在球场上的战术改变视线。即使我们不考虑电脑本身的辐射，只想到我们在路上看到一辆穿梭而来的

汽车的情况，看久了也会“头晕”，而这种“头晕”就是视觉疲劳的表现。最重要的是，与我们自己玩的游戏不同，游戏中几乎没有让玩家做出任何判断错误的空间。要做到这一点，良好的视觉耐力是关键，因为球员获取球场上主要信息的方式几乎完全是通过视觉。

四、电子竞技运动选手运动素质的训练

针对电子竞技运动员的上述几项运动素质特点，在运动素质专项训练中，应注重反应速度、敏捷性、力量耐力和视觉耐力的训练。需要注意的是，下面提到的训练方法在现代大多数运动训练实践中被广泛使用。在电子竞技运动员的运动素质训练中，可以根据实际情况选择一部分进行练习。

（一）反应速度的训练

反应速度练习包括简单反应速度练习和复杂反应速度练习。简单反应速率是复杂反应速率的基础，复杂反应速率是简单反应速率发展的高级阶段。对于电子竞技来说，复杂反应的速度更为重要。

简单反应速度练习的特点是通过练习缩短感觉（视、听、摸）——运动反应的时间。复杂反应速度训练的特点是缩短感觉（视、听、触）——中心分析和选择判断——运动反应的时间。

1.练习简单反应速度

在体育运动实践中，简单反应的速度往往是受中枢神经系统的兴奋性，注意力的集中，肌肉组织的准备状态，以及遗传因素的制约。要想在一定程度上提高单纯反应的速度，就必须针对上述原因（遗传因素除外）采取相应的方法和手段。

简单反应速度练习方法一般有以下几种：

（1）完全练习：利用已掌握的单一动作或组合动作的完整动作，尽快对突然出现的信号作出反应，从而提高反应能力。例如，重复蹲距式起跑：根据特定的信号改变运动方向；根据已知对手的动作做出不同的动作；对快速移动的目标等的快速反应。这种完整的信号响应练习在初级阶段特别有效。

（2）分解练习：因为简单动作的反应是通过具体、有目的的动作及其组合来完成的，所以进行分解练习可以充分利用动作速度来传递简单反应速度的效果。

（3）改变练习：通过改变练习的形式，玩家可以在改变的条件下完成练习。改变练习形式主要有两个方面。第一种是改变接收刺激的方式，例如从视觉刺激到听觉和触觉刺激。第二，改变回应方式。采用转化练习，不仅能有效提高人体各受体的功能，缩短简单反应时间，还能提高练习的积极性，避免不必要的兴奋扩散，提高训练效果。

（4）感官训练：感官训练是一种体能训练与心理训练相结合的方法。在人的

反应过程中，提高对分钟时间的辨别能力，从而提高反应速度。这种锻炼方式对体育实践具有一定的现实意义。动觉练习一般要经过三个阶段。

第一阶段是接收信号后，以最快的速度响应信号（例如，做一个5米的起跑），然后得到这个反应练习的实际时间。

在第二阶段，参与者估计他们花了多少时间练习自己的反应，然后将中间练习自己的反应其与实际时间进行比较，从而提高他们对时间感知的准确性。

第三阶段是当玩家估计时间与实际时间在大多数情况下吻合时，玩家就能够准确地确定反应时间的变化。在实践中，按照要求的时间来完成一个反应过程，玩家确定时滞能力会更强，能够更自由地掌握反应速度，提高反应速率。

此外，玩家的注意力方向与他们的快速反应能力有关。在练习中，应该要求选手专注于即将进行的动作，因为专注于动作比专注于信号更快。注意力的方向与肌肉紧张有关。通过专注于动作，参与完成动作的肌肉张力会增加，能够加速动作的完成。

2.练习复合反应速度

体育运动中的复杂反应大多是选择性反应。选择反应通常有两种形式。一是对运动目标的响应，即对运动对象的变化的响应；二是对动作选择的反应，主要是指根据对手动作的变化所做出的相应的动作反应。因此，复杂反应速度练习还包括目标移动练习和动作选择练习。

（1）移动目标练习：首先要注意对运动物体的视觉观察能力。这种能力可以通过在不同的位置、方向和速度的传球来提高。但在实践中要重视注意力的方向和分配。第二，加强“预测”能力。要培养提前“观察”和“注视”移动物体，提前确定移动物体可能的方向和速度的能力。这种能力应该在技战术动作改进的过程中得到提高。第三，自觉引入和增加外部刺激因素。

（2）选择动作练习：根据对手动作的变化做出相应的动作反应，是人体反应与特殊体育密切结合的一种形式。这种练习是高度专业化的，但对特定运动的影响是非常明显的。选择动作练习包括两部分。首先，它需要在特定训练中使选择的情况复杂化。例如，在练习中提供更多的反应性动作。这增加了反应过程中的选择和难度，提高了中枢神经系统的分析和辨别能力，缩短了反应时间。第二，该练习试图训练运动员利用对手可能改变自己动作的“提前信息”。这种提前信息可以通过观察对手的姿势、面部表情、眼神交流、准备来收集。一旦能准确地认识到对手动作可能发生的变化，就能快速准确地选择相应的动作进行回应。

（二）灵敏素质的训练

敏感质量具有明显的工程特性。由于运动技能的不同，对质量和神经反应的要求也不同，对灵敏度的质量要求也不同，从而在不同的项目中体现质量的敏感性各有其特点。

影响灵敏度的因素是多样的，其中主要包括解剖学（尺寸、重量）、物理、心理（情感）、经验（经历）的运动技术技能和其他质量发展水平（如力量、速度、耐力、灵活性质量协调发展）等。

1.运动神经过程测试练习方法

目的：评价被试者对信号刺激反应的准确性和速度，反映运动员对动作节奏的敏感性、协调性、掌握程度和分化抑制能力。

练习仪器：运动神经过程测试仪。

练习方法：受试者坐在前面的乐器，每个手各拿一个按钮开关，眼睛注视灯光符号，测试者为参与者提供一组符号，每个符号要求测试者根据箭头符号正确反应，如受试者反应错误，仪器发出特殊声音，参与者应立即纠正。改变符号模式，共测试六组，记录每组的时间和错误数，取最快响应组的时间和错误数。

2.“反应速度竞赛”练习方法

目的：通过“反应速度竞赛”练习，提高眼手协调能力。

练习工具：“反应速度竞赛”软件。

练习方法：按下“开始”按钮开始，然后等待背景颜色变化，只要变化了，立即点击“结束”按钮，就可以测量自己的反应时间。为了减小误差，可以对几组进行测试，如6–10组，记录每组所花费的时间，取平均值作为运动员的反应速度。

3.《连连看》游戏练习法

锻炼目的：通过游戏来锻炼玩家（玩家）的视觉敏度、手指点击鼠标的速度和准确能力。

练习器材：连连看游戏。

练习方法：游戏分为简单、普通、困难三个等级，各11个等级，共33个等级。游戏规则是选择一对相同的牌连线，但这种连线必须避免其他牌，它的路径不超过两个拐弯，如符合要求，消除这副卡而得分，每个游戏玩家需要时间消失之前清除所有牌，当任务的完成可以进入下一阶段；当出现残局时，游戏将自动重置。

（三）注意力的训练

1.注意事项训练

苏联心理学家普拉托诺夫说过：“成为一个专注的人最好的方法就是做任何事情都不要粗心大意！”但缺乏关注是每个人的共同弱点。要克服这一“病”，需要注意以下几点。

（1）培养注意重点的习惯：无论是听课、阅读还是做作业、做其他事情，都要用大脑通过思考对所学内容进行分析、综合、比较，区分重点和非重点、本质和现象。心理过程不仅将注意力吸引到自身，而且还会产生愉悦的体验，一旦重要信息和一般信息之间的区别加深，这种体验就能更长久地稳定注意力。

(2) 集中注意：一些专家认为，集中注意是指将精力集中于一个特定的对象，关注的意义主要是专注于思考，是全面、比较、归纳，抽象概括具体思维、发散思维和创造性思维的聚合。可以说，所有伟大的科学家、艺术家和学者都有一种非凡的能力，可以 烈地集中精神。如果我们想成为天才，我们必须训练我们的注意力，特别是专注思考的能力。

(3) 学会不想自己，人们通常有这样的习惯，认为自己是注意力的中心，所以他们自动地把注意力集中在自己身上。例如，当我们穿一件新衣服或戴一顶奇怪的帽子时，我们倾向于认为每个人都在看着我们。当一个学生考试没考好或做错了什么事，他会觉得别人在议论他，看不起他，甚至觉得自己受到了侮辱。事实上，这种人们在看你的想法大部分或全部是我的想象。每个人都有自己的事业，每个人的关注点或注意是不一样的，他们不能有那么多的时间去看 人，就像你经常关注自己一样，也许别人也不注意你呢？如果人们注意到你，没什么好害怕的。一些学者说，“自我意识是一种想象。人们并没有你想象的那么在乎你。他们有自己的事情要做。记住这一点，你在他们面前就不会感到不自在。”

克服这些恐惧的方法是首先是不想自己，停止关注你自己。二是专注于手头的工作。专注于自己正在做的事情的人不会受到其他事情的干扰。有人说：“专注于自己并不会提高你的效率或降低你的自我意识。”专注于你的工作才能做到这一点。第三，如果没有任务在你面前，那么你不妨想想别的事，想到老师的思想和讲座。

自信是关键：自信是你集中注意力的关键。冷静下来后，我们应该相信我们可以集中注意力，认真听讲，这样我们就会取得好成绩。所以对自己说，“我能集中注意力，很好地听！”如果你没有信心，你不能集中注意力，那么就会出现真正的注意力不集中，就会出现失败。

(5) 疲劳是注意力的大敌：长时间连续的工作和学习，熬夜读书会使人感到疲倦，使大脑神经兴奋程度降低，注意力难以集中。例如，司机长时间驾驶会因为“疲劳驾驶”而发生事故，这是非常危险的，一些人为此付出了痛苦的代价。同样，在电子竞技运动员的训练过程中，一定要注意劳逸结合，保持旺盛的生理状态，才能提高注意力的水平。

(6) 心情好能帮助你集中注意力：心情好或想一些愉快的事情能帮助你集中注意力。当我们在国外旅行时，旅程是疲惫和艰难的，但当我们认为它是一个罕见的有意义的活动，我们不会感到痛苦。有人建议把自己和令人愉快或有趣的事情联系起来，正如注意力专家所说，“只要我们把注意力看作一件令人愉快的事情，注意力不是增长得很快吗？”

（7）情绪平静有利于集中精力：心理平静，情绪稳定，帮助个体控制自己的精神状态，使之集中精力，朝向学习目标。所以在你需要集中注意力之前，先安定下来。有人说：“只要你能冷静下来，就等于集中了一半的精力。”另一方面，一个焦虑和分心的人很难集中注意力。

（8）安静的环境有利于集中注意力；嘈杂、忙碌的环境容易分散注意力。环境的干扰是难以避免的，要培养自己抵抗干扰的能力。应特别注意抗干扰，包括外部和内部（内部干扰）。这种内心的宁静比环境的宁静更重要，因为环境的干扰只有通过内心的干扰才能起到分散注意力的作用。因此，不加强自己抵抗外界干扰的能力，而怨恨外界干扰，既不公正，也是无用的。一位心理学教授说：“对一个分散我们注意力的刺激感到愤怒或担心，比刺激本身更能分散我们的注意力，这是火上浇油。”这里需要的是耐心和毅力。在注意力的训练中，加强自我调节、控制和自我管理的能力是非常重要的。

（9）注意与其他学习方法相结合：注意心理训练的方法和技巧很多，可以与注意自我训练相配合。例如，注意力的心理训练可以与超验冥想训练相结合。一般来说，安静的头脑很容易集中注意力。再比如，注意力训练可以与图像控制结合起来。换句话说，当头脑处于放松、积极的状态时，注意力的转移、分配和稳定也能发挥得更好。另外，掌握一些技能是有益的。注意力训练有方法和技巧，我们要尽力掌握，并进行认真的自我训练。同时，必须认识到注意力训练必须与其他社会实践紧密结合，才能直接有效地提高自身的注意力。

2.培养注意力的常见方法

（1）深呼吸：坐好，轻轻闭上眼睛，慢慢呼气；尽可能缓慢地呼气，然后缓慢地吸气。重复几次，情绪就会平静下来。这样就能清除大脑中任何与锻炼无关的干扰。一旦排除了干扰，就可以集中精力锻炼了。

（2）坐着不动：安静地坐着，脑子里不要想任何东西，大约半分钟，就会逐渐达到了一种无私、没有欲望、没有自我的精神状态，头脑就会平静下来。“安静而遥远”，此时训练的效果会特别好，思考问题会特别深刻，有人说这也是开发个人潜能的有效措施。

（3）目标转移法：用眼睛仔细观察物体，看其形状、颜色、材质等特征，然后闭上眼睛，回忆观察到的物体，再睁开眼睛观察观察到的物体，检查记忆是否正确。这样会发现任何的想法或干扰都将从头脑中清除，头脑将变得平静。

（4）回忆法：在训练前，提前2分钟坐在座位上，仔细回忆上次训练的主要内容是什么？掌握得怎么样？这样的想法会不自觉地引导个体进入训练过程。在训练其他技战术的过程中，如果心理状态不安静，也可以采用回忆法。

（5）倾听：把注意力集中在一个声音上，而忽略周围的其他声音。声音越弱，越容易集中注意力。通过反复这样做，能够集中注意力。例如，每天练习听时钟的滴答声。第一天10次，第二天15次，第三天20次，逐渐增加，每次训练自己只听时钟的“滴答”声，而忽略周围的声音。半个月后，集中注意力的能力就会有很大的提高，可以排除外界的干扰。集中注意力进行训练，长期训练，养成集中注意力的好习惯，会获益更多。

（6）自我奖励法：在培训的时候，人们会在培训后想到要做什么。例如，“练习后去打球”或“周日去郊游”。想到这些有趣的事情会刺激大脑，分散注意力。如果使用得当，把这些想法作为自我奖励的内容，挑战自己专注于训练，出色地完成任务，达到训练目标，然后计划和享受游戏。通过奖励自己乐趣，鼓励自己完成训练任务，这对注意力训练是有益的。

（7）根特集中训练法：根特先生是德国著名的哲学家。根特在阅读时经常使用一种集中精神的方法。其做法是，当他读一本书，或者冥想时，他盯着窗外远处屋顶上的风标箭头，他无意识地沉浸在深思而忽略叶片的运动。这种方法对他很有用，许多哲学理论都是这样产生的。这种方法似乎没什么奇怪的，作为读者，我们也有这种经历。当我们的眼睛注视着某一点，我们就可以集中在这个视点上思考要解决的问题，或者思考我们读过的内容。似乎无形之中，我们的注意力都集中在一起，这促进了思考的深度。这是有原因的，当一个人的眼睛长时间盯着一个点，视野会变得狭窄，容易引起分心，进入眼睛和意识的范围也将缩小。

第四节　电子竞技选手的操作训练

一、电子竞技运动操作训练设备理

（一）键盘

1.键盘的历史

PCXT/AT时代的键盘以83键为主，并且持续了很长一段时间，但是Windows近年来的流行使它们过时了。它们被主导市场的101键和104键键盘所取代。近半年来，104键键盘的出现是一种新型的多媒体键盘，它在传统键盘的基础上增加了很多常用的快捷键或音量调节装置，使PC操作进一步简化，注重键盘的个性化。随着时间的推移，市场上也逐渐出现了独立与多种快捷功能分开销售的产品，并配有专用的驱动和设置软件，在兼容机上也可以实现个性化操作。

2.键盘的分类

键盘可以根据不同的标准分为不同的类别。按键工作原理分类，常规键盘有机械式按键和电容式按键两种；按键盘形状分类，键盘形状分为标准键盘和人体工程学键盘；按键的排列和分类，可分为QWERTY键盘、Duorak键盘、MALT键盘等。

3.键盘技术

键盘的使用在大多数游戏中都扮演着关键甚至是决定性的角色。例如FIFA可以根据其使用方式分为组合键和功能键的使用和自定义键的使用。在电子竞技中，组合键通常与Shift、Ctrl和Alt等键组合使用。当然，功能键主要用于F1–F12。自定义按键指的是游戏中允许设置的一些基本操作。操作者可以根据个人习惯或熟悉的命令来定义按键。例如，一些玩家喜欢用WXAD定义前进、后退和左右方向，而另一些玩家则习惯使用上下左右方向键来控制。

介绍在星际争霸中使用自定义键：

（1）tvz编队：倒记时结束，进入游戏，先给基地变成4，然后造完房子再造兵营，这时给第一兵营编为5，再复编为7，第二个兵营编为6，探路农民编为3，枪兵被编为1和2，有了医生后，3给医生。0是第一个雷达，9是第二个雷达，f3给分基屏幕。

（2）造兵：造农民是食指4无名指s，4r是食指4食指r，造枪兵是中指5食指m中指6食指，造喷火兵和医生是食指5拇指f食指6拇指c，5r6r是中指5无名指r食指6无名指r，后来兵多了造兵是按两下7，依次点着兵营坦克厂飞机厂基地造兵。撒雷达，食指0无名指S食指9无名指S。运输机被编为8，这样不管什么时候都不和其他部队编号冲突，方便多面操作。tvz运输机操作要比tvp危险很多。

（3）造建筑：bc是食指b中指c，bs是拇指b无名指s，ba是拇指b小指a，br是拇指b食指r，be是拇指b中指e，bg是无名指b食指g，bt是拇指b食指t，bu是拇指b食指u，vf是拇指v食指f，vs是拇指v无名指s，va是拇指v无名指avi是拇指v食指i。

4.键盘操作技术

键盘是一种非常智能的武器，如果在训练和比赛中不能掌握正确的动作，不仅对它的操作没有帮助，而且还会使选手在错误的操作中形成越来越顽固的习惯。它的错误动作是：前臂和手掌上下颠簸波动太多，一次甚至会出现手臂上下动作的坏习惯。

键盘的正确水平位置应该与显示器的平行线平行。使用键盘时最好带着护腕，手掌要平放在护腕上。左手放松，中指放在2号键上，无名指放在1号键上，食指放在3号键上。当您需要操作其他快捷方式时，可以通过滑动条的方式切换到其他快捷方式。

（二）鼠标

1.鼠标的历史

鼠标无疑是电子竞技中不可或缺的“工具”。每个玩家必须选择一个方便的鼠标。正如俗话所说，“如果你想做好工作，你必须先使用你的设备”。鼠标的历史可以追溯到20世纪60年代末，斯坦福研究所（Stanford Research Institute）的道格拉斯·恩格尔巴特（Douglas Engelbart）博士发明了一种对后代产生了广泛影响的产品。

1983年，苹果在丽萨模型中引入了鼠标，这也是鼠标的第一个商业应用。然后微软在Windows3.1中引入了对鼠标的支持，到了Windows95，鼠标已经成为个人电脑不可或缺的操作设备。从那以后，鼠标迅速流行起来。

与主流电脑组件相比，鼠标的技术创新是非常保守的，从最初的鼠标，到随后的纯机械鼠标、光电鼠标、光机鼠标，以及现在的光学鼠标，鼠标技术只经历了几次巨大的变化，其中真正成功的只有光机鼠标和光学鼠标，他们也是当前鼠标技术的主流形式。

2.鼠标操作技术

我们知道原来鼠标只有左、右两个按键，后来又增加了中间滚轮（非底部滚轮，注意概念区别），因为使用方便而深受用户喜爱。除了能够上下滚动之外，十字滚轮技术还增加了一个功能，通过向左右施加压力，使车轮向一侧倾斜，从而使页面快速向左或向右移动。从最初的鼠标、机械鼠标、光电鼠标、光机鼠标到现在的光学鼠标，鼠标技术走过了漫长的历程，终于取得了成果。毫无疑问，光学鼠标是我们正在寻找的终极类型的鼠标，它的许多优点使它成为光机鼠标无可争议的继承者。在过去的几年中，我们看到了光学鼠标的快速发展，随着光学引擎的更换带来了更高的精度，更快的速度和更稳健的性能。然而，水平滚轮技术的出现也使与鼠标相关的其他进步成为可能，它提供了更方便的体验。蓝牙技术的引入让我们可以享受无线操作的自由，皮革材质和丝绸表面处理让鼠标成为艺术品的同时也提供了很好的握感。仅使用鼠标在电子竞技中仍然很少见，并不是所有优秀的玩家都必须同时使用键盘和鼠标，但如果你想要提高获胜和控制游戏的机会，那么两者的结合才是最好的选择。鼠标的单一使用只是使用左键、右键、中键或滚轮，以及相应的点击和双击。当然左键是最常用的，它的功能主要是选择操作对象，点击游戏对象的移动目标。在射击游戏中，瞄准和定位是最常用的。

（三）鼠标与键盘的配合操作技术

鼠标与键盘的协同使用多为组合键或功能键与鼠标操作相结合。让我们以《星际争霸》中Shift键和鼠标的协作为例，看看鼠标和键盘的协作使用。

当神族或人族的农民建造建筑时，在他开始建造前按住Shift键并右键点击矿山，在他建造完建筑后，它会自动返回矿山。双击或圈选择4个农民旁边的基地，并右键单击一个地雷，要求他们采矿。

按住Shift键，用鼠标点击视图底部图表中的四个农民中的一个，这样在选择的目标中只剩下3个农民。释放Shift键，用鼠标点击另一个矿，让3个农民收集另一个矿。再次按住Shift键，同时点击3个农民图标中的一个，这样只有2个农民仍然是你的目标。松开shift键，用鼠标点击另一个矿，两个农民移动到一个新矿上。重复上述操作，按住Shift键并点击两个农民图标中的一个，以便只选择最后一个。释放Shift键，用鼠标点击一个不同的前面的矿。

二、基本操作训练的要求

（一）掌握相关的理论知识

电子竞技训练的主要目的是在比赛中取得优异的竞技成绩。尽管参与即时战略类电子竞技运动员没有政治、经济和军事领袖，但电子竞技项目的特点需要选手想要赢得比赛，就必须掌握各种相关知识，如计算机基本配置、游戏界面，使用鼠标，键盘等等，这是最基本的操作培训要求，也是制订正确计划、实施正确的技术培训、正确运用技战术的前提。

用鼠标进行的游戏基本命令包括左键点击——选择一个单位或建筑，按下命令键，指定行动目标；在屏幕上选择单位和建筑；点击小地图，移动屏幕到点击的地方；如果单位是混合的，点击其中一个会激活这组单位使用特殊能力。右击——在目标单位/建筑、地面或小地图上进行“智能”活动。

电子竞技运动员的技术训练需要掌握大量的信息和知识。

（二）培养技战术的运用能力

在电子竞技训练中，训练运动员在各种复杂条件下合理运用技术的能力应被放在非常重要的位置。这也是在技术训练中贯彻“实战化”思想的具体要求。

技术应用的基本要求是：一是目的明确、针对性强。任何技术的使用都必须有明确的目的，达到一定的目标。技术行动是合理的和有针对性的，具体的技术可以用来解决具体的问题。其次，效率高。技术应用的目的是为了制胜，因此，应以是否达到制胜的目的为基础，避免华而不实。例如，在《魔兽》中，当处理4个种族时，通常是在同一个种族中双英雄+小鹿，而在人类中则是双英雄+小鹿+熊。这两个英雄通常是恶魔猎人伊利丹和娜迦海妖。如果没有娜迦海妖，那通常是月之女祭司。对奥克斯来说，不死族通常兽王首发，双营女猎人，压制，然后根据情况转型。第三，高度的灵活性。能够根据场上千变万化的形势，灵活坚持运用有效的技战术，力求主动，避免被动，使战斗态势向有利于团队发展的方向发展。如前所述，如果在没有酒馆的地图上与奥克斯和不死族战斗，就使用伊利丹恶魔猎人或刺客来保持第一个英雄的高等级。

（三）重视操作组合的训练

随着电子竞技项目的竞争日益激烈，运营也在朝着“复合化”的方向发展，单靠一项技术很难取胜。在某种意义上，复合就是组合。如何将多套技术有机地结合起来，有针对性地在比赛中运用，是衡量运动员技术水平的主要标志。

第五章 FPS类电子竞技运动项目训练方法

FPS类型电子竞技运动项目是主流电子竞技运动项目之一，例如《CS：GO》《绝地求生》《穿越火线》等在世界上都拥有上千万的观众和粉丝。这一章的主要内容是讲解FPS类型电子竞技运动项目的特点、训练内容、训练方法、战术等。

第一节 FPS类电子竞技运动项目概述

一、FPS类电子竞技运动项目的概念

第一人称射击类游戏（first-person shooting game，FPS），严格来说第一人称射击游戏属于动作类游戏的一个分支。

FPS类电子竞技运动项目中，玩家以其主视角来进行射击游戏。玩家们不再像别的游戏一样操纵屏幕中的虚拟人物或者其他形象来进行游戏，而是电脑屏幕显示的画面，即虚拟人物的眼睛所看到的世界，这就大大增强了游戏的真实感。随着显卡和CPU不断升级，越来越先进的建模引擎被开发出来，第一人称的世界越来越真实，有些游戏甚至到达了以假乱真的地步；游戏体验越来越好，人们也越来越喜爱这种主观刺激性强的游戏模式。这种第一人称的设计模式后来也被用于制作恐怖类型的悬疑游戏，也得到了玩家的认可。

二、FPS类电子竞技运动项目的产生和发展

1981年，Muse Software公司推出《德军总部》系列游戏。该系列被称为FPS类游戏的奠基之作。20世纪90年代，美国的Playnet Inc公司Cornered Rats开发室开发的War Bird（战鸟）中，所有的角色只能以第一人称玩游戏。

1998年，《半条命》（《HALF-LIFE》）问世，是由Valve（维尔福）软件开发。《半条命》从初代开始就使用非常开放性的MOD模块式底层引擎，因此开启

了MOD模组游戏热潮。作为《半条命》的MOD模组之一的《反恐精英》（《Counter-Strike》）一经推出迅速风靡全球。

2009年，《英雄联盟》问世，MOBA类型电子竞技运动项目逐渐占领大部分市场，成为电子竞技运动的主要项目。2009—2017年《穿越火线》成为国内玩家主要的FPS类游戏。

2017年年末，《绝地求生》横空出世，掀起了国内FPS类电子竞技运动项目的“第二个春天”。《使命召唤》系列《战地》系列《守望先锋《枪火游侠》等惊艳作品始终无法让玩家保持足够持久的热情，最终《绝地求生》凭借新颖的玩法、高质量的画面迅速抢占了市场。

三、FPS类电子竞技运动项目的特征

（一）时空限制性

时空限制性让FPS类电子竞技运动项目的比赛更为精彩、更激烈。《绝地求生》是沙盒类第一人称射击游戏，地图面积限定在8km × 8km，每局限定时间35分钟；《CS：GO》的地图面积为80m × 80m），每局有1分55秒的进攻/防守时间。

（二）复杂的地形设计

一开始的FPS类电子竞技游戏是没有高低起伏的，也没有足够多的障碍物或者掩体。随着显卡等硬件的升级，以及游戏设计者贴近真实战场的设计理念，在被限制的空间里，出现了高低起伏的地形，各种外形贴近现实的障碍物，如油桶、石块、建筑。这些地形的出现不仅贴近现实，也为战术的多样性提供了基础。

（三）武器装备多样性

武器包括手枪、霰弹枪、冲锋枪、步枪、狙击枪，甚至还有电击枪和弩箭。各种武器需要根据适合的场景来选择，除了选择对方选手所惧怕的枪械，还需要根据地形来选择枪械。例如，空间较小的拐弯处，可以使用霰弹枪进行进攻或者防守；在10米到20米的区间可以使用冲锋枪进行防守或者进攻。当然，这些武器也根据现实的枪械作为参考，一般来说，狙击枪威力最大，其次是冲锋枪，手枪威力最小。霰弹枪的特性是近距离威力极大，远距离威力比手枪的还要小，自动步枪是大多数玩家最常选择的枪械，足够的威力和迅猛的火力，在各种距离都表现优良。

投掷物包括高爆手雷、闪光弹、烟雾弹等。这些投掷物也各有各的用法，需要电子竞技运动员具备良好的空间感。

（四）爆头伤害量最高

FPS类电子竞技游戏中，爆头伤害量最高。比如，AK—47自动步枪一发子弹

的初始伤害量为50，射中头部时伤害量提高到初始伤害量的2倍至4倍，射中手部或者脚部，伤害量低于初始伤害量。游戏中，玩家穿戴防护道具，如防弹衣和防弹头盔，会减少被击中时的伤害量。

（五）射击时枪口准心不规律上扬

为贴合现实，FPS类电子竞技游戏中射击会产生“后坐力”，体现为处于屏幕中间的枪口准心成不规律上扬，电子竞技运动员需要向下移动鼠标对冲“后坐力”。不同的枪械也产生不同大小的后坐力。手枪和冲锋枪的后坐力一般是最小的，但是也有例外，像沙漠之鹰这把手枪的威力极大，后坐力也极高。连续射击产生的后坐力会导致枪械稳定性变得更差一些。

第二节　FPS类电子竞技运动项目训练原则

一、训练与实战接近原则

训练与实战接近原则是指训练所用的辅助手段，要与电子竞技竞赛实战的人物和环境接近的原则。以《绝地求生》的训练活动为例，现在电子竞技运动员常用《Aim Hero》《Battle Royale Trainer《CS：GO》练习场和《绝地求生》自带的训练场这四种主要手段。

《Aim Hero》的特征是击中红色圆圈目标后玩家得分，在单位时间内击中的目标越多得分越高。这款软件的确能够训练电子竞技运动员对于鼠标的操控能力，但是红色圆圈目标与《绝地求生》中的虚拟人物的外形相差太多。在实践经验中发现，即便电子竞技运动员在《Aim Hero》进行大量练习，在《绝地求生》中枪法也不能提高太多。这款软件可以在青少年训练计划初期使用，在训练计划的中后期，应减少《Aim Hero》的练习量。

《Battle Royale Trainer》是一种《绝地求生》模拟器，可以设置大量的机器人与电子竞技运动员进行对抗，人物造型、枪械和瞄准器具相似，机器人的智能水平可以调节，但是枪械后坐力参数还是略有不同，不利于电子竞技运动员弹道控制和压枪角度控制。

二、瞄准射击原则

瞄准射击原则是根据现在FPS电子竞技运动项目中大量电子竞技运动员只是凭借手感和感觉进行射击而提出的训练原则。

瞄准再射击是这条原则的基本含义。在电子竞技运动领域，大量练习瞄准再射击，可以让电子竞技运动员获得心理自动化的射击行为方式。

假设两名电子竞技运动员都经过了大量训练，凭借感觉射击的方式稳定性较差，容易受到内外界因素的影响，包括紧张、焦虑、赛场上细微的失利或观众的嘲讽等，而且精准的持久性较低。也就是说，凭借感觉射击的方式需要大量训练维持手感，可能会占用更多的训练时间，这样训练其他内容的时间也就相对减少了。

电子竞技运动员将注意力集中在对方的头部或者胸部，瞄准之后再进行射击，会减少运动员射击分心的情况，进而可以表现出更高的抗压能力。

三、利用掩体原则

在现实世界中，军事掩体的作用是降低火力对人员和装备的破坏，提高人员的战斗效能，主要为人员、火炮、坦克和步兵战车等掩护。

《绝地求生》中，应依靠掩体摸索前进，以防遇到埋伏的敌人变成敌人“练习射击的活靶子”。教练在指导行进训练的时候，一定要提醒运动员时刻保持与掩体的距离，一旦遇到近距离的埋伏或者远处的狙击手，迅速进入掩体。

四、快速消灭原则

快速消灭原则是指电子竞技运动员在练习时，刻意遵守快速消灭对手的理念进行训练。

快速消灭敌人的好处：①节省弹药使用；②弹夹剩余子弹可以应付多个敌人；③减少换弹夹次数；④给予对手心理上的震慑。

教练在指导FPS类电子竞技运动员练习枪法的时候，应该控制练习压枪的时间，鼓励运动员养成稳重、精准、快速的击倒敌人的习惯。

第三节　FPS类电子竞技运动项目竞技技术及其训练方法

一、FPS类电子竞技运动项目的竞技技术

（一）枪法

枪法是FPS类电子竞技运动员的主要技术，是指电子竞技运动中即指玩家射击的水平。

从射击频率的角度，枪法分两类：点射和压枪扫射。点射是一发一发地射击，发射每颗子弹的间隔是瞄准器准心因后坐力消减之后回弹到稳定的状态的时间，后坐力大的枪械时间间隔就会长一些。因此，点射又被称作单点。职业FPS类电子竞技运动员每一发的射击间隔通常不超过1秒。压枪扫射，简称压枪，是指电

子竞技运动员按住开枪键扫射目标。由于扫射产生的后坐力会不断将瞄准器准心升高以致脱离目标，运动员需要在游戏里压住上扬的枪口，尽力把枪口锁定在对方身上。点射适用于中远距离的敌人，压枪适用于中近距离的敌人。点射考验电子竞技运动员瞄准能力，也就是定位能力，压枪则考验其对于后坐力的控制能力。

从移动鼠标的方式，枪法分为三类：跟枪、卡枪和甩枪。跟枪是指电子竞技运动员射击的同时使用鼠标控制屏幕中间的准心一直跟随移动中的目标。卡枪，又称卡点，是指运动员用鼠标卡住某个点位，这些点位通常是敌人的必经之路，等敌人经过的时候进行射击。甩枪是指在准心距离敌人有一段距离的情况下，把准心瞬间移动到敌人身上，准心看起来就像被甩过去的；有时也会甩出目标的身体，但是要在准心经过目标身体时按下开枪键。甩枪一般适用于单发的枪械，如狙击枪或者沙漠之鹰这类单发威力大且后坐力过强而不宜扫射的枪械。

（二）走位

走位是指操作电子竞技运动项目虚拟人物移动的技术。走位的核心目的是躲避敌人的射击，尽可能地做到出其不意的效果。走位可分为常规走位和非常规走位。其中，晃点、拉枪和依靠掩体属于常规走位的一种延伸，身法属于非常规走位。

身法包括蹲、卡、跑、静、站、跳。其中，跳是最主要的形式。以《CS：GO》为例，初级跳包括最普通的跳、蹲跳、跳蹲；中级跳包括连跳、小跳、跳框跳；高级跳包括滑步跳、旋转跳、超级跳。这些跳跃的方法都有实用的地方，可以使电子竞技运动员出其不意地跳到敌人意想不到的地方，还可以扰乱对方的瞄准，对跑动，卡位，站位，狙杀对手都有很大的帮助。而且遇上了一些平时不容易过的障碍物，比如窗子，如果用普通的跳跃/翻越，可能会花去1.5秒，但是使用跳窗跳（在即将跳进窗子时摁住下蹲键，使虚拟人物缩腿，即可跳进窗子，然后再不断按下跳跃键即可完成快速跳窗的动作）就可以快速跃过窗子进入建筑物内躲避敌人射击。

晃点是为了蒙骗敌人，骗敌人开枪射击。通过在掩体边缘摆动身体，诱导敌人认为我方运动员可能要走出来开枪射击，但实际上只是摆动一下身体，然后再缩回去。当面对使用狙击枪的敌人的时候，敌人一旦开枪他就需要1.2秒的拉栓换弹时间，在这个时间内狙击枪是无法再次开枪的，因此，我方运动员则可以趁此时间击杀掉敌方狙击手。

拉枪是指虚拟人物可以实现在快速的跑动中急停下来，通过拉动鼠标来精准定位和射击敌人的行为方式。拉枪是走位与甩枪的结合。防守时，我们都会把准心放在敌人可能出现的点，但敌人使用拉枪技术，从掩体后快速跑出来，这时就考验FPS电子竞技运动员的跟枪能力了，如果一旦没有反应过来，就可能会被敌人击倒，这就是拉枪的原理。

（三）投掷

大多数的FPS类电子竞技运动项目都会有投掷物品的技能，最常见的就是《CS：GO》里面的投掷道具，有高爆手雷、闪光弹、诱饵手雷、烟雾弹、燃烧弹或燃烧瓶等。

高爆手雷会在投掷后的第二秒爆炸，对爆炸范围内的敌人造成伤害。这对于没有护甲的敌人可能是致命的，对于有护甲的敌人则伤害减半。

闪光弹可以对爆炸范围内的敌人造成白屏和耳鸣。这个效果会根据玩家离爆炸的距离和是否直视爆炸等因素而定。它拉线大概一秒钟后爆炸，这减少了敌人的反应时间。燃烧瓶会在投掷后接触到地面时爆炸，接触墙面时会反弹，如果在2秒钟内没接触到地面则会直接爆炸，火焰可以持续8秒。需要注意的是如果落到了烟雾弹的范围则会直接熄灭，如果在火焰上投掷烟雾弹也是可以直接熄灭火焰。同时燃烧的火焰是有燃烧高度的，可以通过这条设定利用地势制造一些隐形燃烧带，这也是效果极好的。通常燃烧瓶都是用来清点或者阻断敌人的进攻路线，达到逼退敌人离开点位或者延迟对方攻势并造成伤害的目的。

诱饵手雷没有什么直接杀伤作用（最后一下爆炸会造成血量伤害）。它的作用是在投掷落地后发出开枪的声音，干扰敌人的声音判断。它的具体效果是投掷后在原地发出自身主/副武器的声音，同时敌人能在地图上看见红点（敌人如果使用的武器是消音M4A1和USP则看不到红点），诱饵手雷的效果可以持续20秒，20秒后会原地爆炸。

烟雾弹的效果可以持续18秒，但15秒后就能看到烟雾里的情况。烟雾弹有灭燃烧瓶/弹火焰的效果，只要将烟雾弹投掷到燃烧区域即可立即爆炸并扑灭火焰。如果将燃烧瓶投掷进了烟雾区域也会直接熄灭火焰。烟雾弹可以说是《CS：GO》中最强大的手雷，其核心特性就是形成烟雾并阻碍对方视野，成为战术执行的必备选择；其在危急时刻还可保命；残局时可以通过烟雾弹来改变自己的选位甚至可以封烟强拆。而且根据地图和战术需要，使用多枚烟雾弹在特定点位可以制造烟雾墙，用以阻挡防守方视线，有利于我方进攻下包，这在大赛中屡见不鲜。

不仅在《CS：GO》中，可以看到大量烟雾弹的使用，在《绝地求生》中也可以看到在决赛圈中队伍选择投掷烟雾弹造出“烟墙”，以掩护队伍进入到安全区。总之，投掷道具在游戏中是非常重要的，有投掷道具的一方优势更大一些，而投掷技术是保证投掷物效果的重要因素。尤其在《CS：GO》中，投掷技术不佳的运动员把烟雾弹投掷到了错误的位置就可能增加进攻或防守失败的几率。所以在职业《CS：GO》战队，运动员的投掷技术都是经过大量训练的。

（四）意识

意识在心理学中解释为是赋予现实的心理现象的总体，是个人直接经验的主观现象，表现为知、情、意三者的统一。

但是在电子竞技运动领域，则意识表达的是对于敌人位置或者行动的判断能力。这是一种能力可以理解为一种战术思维能力，它有两个方面的来源：①逻辑推理和换位思考能力；②经验。

逻辑推理的作用是利用电子竞技比赛中的线索来推理敌人的位置和行为，即通过枪声、脚步声或者投掷物的轨迹等来判断敌人的行为和意图。运动员也需要借助换位思考能力从敌人的视角解析他们的意图和行为。经验是通过大量的实战练习获得敌人行动规律。但是战术是没有固定规律的，战斗是诡诈的，双方必须迷惑对手，使对手作出错误的判断。我们还需要学习敌人迷惑的技巧（他们是用何种方法迷惑我们的），来加强心理博弈的水平和战术水平。

意识这项技术能力，涉及战术能力。战术能力必须包括对地图和地形的认识，也就是说想提高意识技术能力，首先要清楚地图和地形。如果不熟悉地图和地形，则不能预测敌人的位置，更不会存在意识。而且在实践中发现，如果电子竞技运动员对于地图、地形不熟悉，他们会在实战训练和比赛中表现得非常紧张、容易失误。从信息处理的角度上来说，不熟悉地图、地形的FPS运动员需要将大部分注意力用于地形、地图构造上面的观察，此时他们剩余的注意力不足以去处理其他线索。

以上四项是构成FPS类电子竞技运动员的主要技术，每一项都能够细分延伸出不同的单项技术，FPS运动员需要同时熟练掌握多项技术才能称之为掌握了FPS类电子竞技项目的主要技术。

二、FPS类电子竞技运动项目的竞技技术训练方法

（一）枪法训练

在前面的章节阐述过，我们需要通过练习软件进行大量的枪法训练。实战训练是各种技术、战术的综合训练，不能在短时间内进行大量重复的各单项训练且不能强化某单项技术或战术的程序性记忆。

根据枪法的分类进行训练，按射击的频率分为点射和压枪扫射，按移动鼠标的方式分为跟枪、卡枪和甩枪。一般情况下，跟枪、卡枪和甩枪都适用于点射，压枪扫射大多数情况下是使用跟枪和卡枪的方式。压枪和甩枪的组合适用于面对多名敌人的情况。压枪扫射击毙一名敌人之后，可以迅速把准心甩到另一名敌人身上。

1.点射训练

在进行点射练习的初期，可以使用《Aim Hero》进行单点训练，不断地对快速出现的红色圆圈目标进行瞄准射击，符合瞄准射击原则。教练需要指导FPS电子竞技运动员不断地在心里重复瞄准射击原则，把这种机械式的行为程序设立为前期的训练目标，使“瞄准——射击”变成自动化的过程。瞄准射击也是压枪扫射的基础动作，但是先用单点的方式进行前期的练习，在练习熟练后，可以进行压枪扫射的瞄准射击。总之无论点射或者压枪扫射都需要练习瞄准射击并形成习惯。

2.压枪扫射训练

我们首先不使用压枪，对着游戏内10米至20米距离的一面墙进行射击，只需要摁住开火键，不做鼠标移动或者下蹲跳跃等动作，开30发，然后看墙上的弹孔连线图。弹孔连线是在步枪连续射击的情况下击中墙面的轨迹。我们在练习时首先要通过无压枪射击墙面方式认知游戏中每一种枪支的后坐力。AK系列的步枪一般后坐力都很大，用的是7.62毫米口径的子弹，而像M16A4、SCAR-L和M416自动步枪后坐力偏小，所使用的是5.56毫米口径的子弹。在练习压枪扫射时，训练目标是尽量把所有子弹打到一个小范围之内，这个范围的大小就如虚拟人物躯体范围之内。

还有一点需要注意的是，不要把鼠标垂直灵敏度设置过低。因为：第一，不适合控住准心，需要大幅度地下移鼠标，很有可能要移到鼠标垫之外；第二，不宜面对多个敌人，当击倒一名敌人需要马上对下一个出现的敌人射击时，需要悬空鼠标并抬动鼠标放入鼠标垫的中心，这个动作幅度过大，不利于快速地对第二名敌人做出瞄准射击的动作；第三，敌人在高处埋伏对我方进行攻击时，我方需要拉高准心还击，过低的垂直灵敏度会使上下准心移动动作缓慢。

3.跟枪训练

跟枪训练在训练初期，可以采用《Aim Hero》《CS：GO》练习场模式进行练习。把训练靶子设置为移动的，我们不需要对移动的目标进行射击，而是用鼠标的准心尽力去跟住目标。等到跟踪锁定的水平提升之后，我们再练习跟枪射击。

在跟枪射击中也分为点射和压枪扫射两种方式，适用于不同距离的敌人。在练习时，中近距离才用压枪扫射跟枪的方式进行练习，练习的难点是压枪扫射时产生的上下左右晃动会导致跟枪不稳定。除了大量的练习，还需要对无压枪弹孔连线图有一定理解，查看枪械在速射的第几发容易产生左右晃动。在中远距离的射击练习中，可以寻找移动的目标进行训练点射跟枪。在有些射击游戏中还需要注意子弹的飞行延迟特性。我们需要研究距离目标200米的情况下，各种枪械射出的子弹飞行所需要的时间，这与枪械的子弹初速是有直接关系的。我们还需要研究距离目标300米、400米时的情况，依此类推，计算飞行时间之后，我们再根据敌人移动的意图把准心移到提前量的位置射击，让敌人移动刚好撞见1秒之前射出的子弹（假设子弹需要飞行一秒时间击中300米外的静止敌人）。

4.卡枪训练

卡枪指等待敌人走进准心的时刻开枪射击，也是对付移动中的敌人的一种枪法。在训练中，要求FPS电子竞技运动员注意力十分集中，反应也要快。这样才不会让敌人走过去而错失开枪的时机。因此，卡枪训练首先是要练习注意力，甚至要像狙击手一样目不转睛、全神贯注地等待敌人现身。

卡枪的另外一种目的是利用掩体遮挡多名敌人同时只对一名敌人进行射击。这个训练就需要多名敌人配合训练。《Battle Royale Trainer》适合卡枪训练，可以设置多名高水平的AI机器人，他们的特性是枪法十分精准（运用外挂原理进行锁定射击）。为了不让这些机器人超越人类极限，设计者们对他们也进行了改造，增加了一定的反应延迟，使其接近人类高水平选手的反应速度和枪法。

《绝地求生》电子竞技职业运动员在和多名BRT机器人对抗训练中，使用卡枪技术一个一个歼灭机器人才可以顺利通关。这种卡枪训练也是在训练运动员对于虚拟人物微小移动的操控感。如果运动员露出身体太多则可能导致同时被多名机器人射击。

总之卡枪技术是利用掩体对敌人进行一对一的射击，在训练中首先应该把这个目标放在最重要的位置。而在卡枪训练的第二阶段可以把重点放在一对多的对抗训练上。

5.甩枪训练

甩枪指在开枪的瞬间鼠标依然保持高速的移动，这时子弹会产生一个狭长扇形面积的范围伤害，这其实是利用《CS》中的一种bug。后来《CS》对于这个bug进行了修改，但是很多高端玩家已经适应了甩枪的方式。在《守望先锋》中有个英雄角色叫作“麦克雷”，很多擅长此英雄角色的玩家都是用甩枪的方式进行练习。甩枪练习的重点是当鼠标划到敌人头部的瞬间摁下开枪键，这仍然需要运动员集中大量的注意力，才可以保障甩枪的精准。训练这种枪法需要大量重复形成程序性记忆，才能达到高水平的甩枪技术。

（二）走位技术训练

走位的核心目的是躲避敌人伤害，造成出其不意的攻击。走位技术训练分为常规走位训练和非常规走位训练。

常规走位指依靠掩体的走位方法。训练中只需要教练在训练中不断提醒，便可以形成固定的行走模式。在晃点的练习中，可以尝试配合卡枪训练一起练习，FPS类电子竞技运动员不断地蹭建筑物的边缘，防止露出太多身体，与敌人进行一对一的射击。拉枪的训练需要和人进行一对一的对抗训练，一个练习卡枪，另外一个人练习拉枪。

在非常规走位的训练中，身法训练在网上有非常多的教程，教练首先可以从网上下载学习视频和教程，然后和电子竞技运动员一起观摩教程，指导运动员学会非常规走位的技术。

走位的技术并不困难，不过需要练习的是晃点、拉枪和非常规走位的技术，在电子竞技比赛中最常用的就是　点和拉枪了，不过练习的难度并不高。

（三）投掷技术训练

在投掷技术训练中，运动员要经常学习先进战队的扔雷习惯。在平时训练中，根据网络上的视频学习各种扔雷方法，不要拘泥于视频现有的投掷技巧，要勇于创新开发新的投掷位置。

在训练计划中要专门留出训练投掷手雷技术的训练，遵从重复训练原则，在短时间内大量重复训练。

第四节　FPS类电子竞技运动项目专项战术及其训练方法

一、FPS类电子竞技运动项目专项战术

战术的研发离不开一个基本的模式，那就是将时间、空间和战斗力量有机地结合。抛开战斗力量，各个电子竞技运动项目内容里的时间和空间是完全不同的，而且每个电子竞技游戏都有独特的游戏规则。例如，《CS：GO》中，每局游戏仅有1分钟55秒，而《绝地求生》每局时间一般在35分钟之内，其他FPS电子竞技项目也有不同的时间限制，在空间上每个游戏项目也是完全不一样的。因此，在战术设计上首先要了解游戏里的时间和空间，然后再了解作战力量，最后再根据战术方案进行战术设计。

优秀的战术一定遵循着战术规律和原则。“出其不意，攻其不备”这句话的本质其实是降低敌人的反应时间，让对手来不及做出防护措施。要达成这一招，就得先做到“知己知彼”，即了解敌人会在什么时间、地点从事什么活动，也就是说掌握敌人活动的规律。掌握了敌人的活动规律，就可以制定敌人攻击的计谋。曾经在《CS：GO》中流行着一种战术，即专门研究对方某一位队员的行为规律，如该名队员何时投掷烟雾弹、防守位置、架枪特点等，然后找到破绽，集中干扰该名敌人。连续的干扰和针对行动会使得那一名队员手足无措，进而失去自信，然后该名队员就容易在防守时变得呆滞、反应速度下降。集中火力原则是建立在“知己知彼”原则和“主动灵活”原则之上的，因为我们需要知道敌人的弱点。对敌人的弱点集中力量进行重点打击，可以取得战斗最大优势。如果没有了解清楚

敌人的情况，就对敌人集中火力打击，则可能导致被敌人埋伏覆灭的结果，所以要注意集中火力的有效性，即全面了解敌人，且需要指挥者灵活的主观能动性。

FPS类电子竞技项目与MOBA类电子竞技项目的区别在于两者消灭对手的速度是完全不同的。FPS类电子竞技项目通常是射击游戏，射击的特点是几乎即时地打击到对手的身上，在0.2秒之内就可以击倒对手。所以其战术的执行基础是FPS电子竞技运动员的枪法和反应力，而仅依靠投掷物（烟雾弹、高爆碎片手雷、燃烧弹等）是不足以击倒对手的。在打击单个敌人的时候，可以两名队员同时攻击单个敌人，这是战术上集中力量的策略。在防守时形成立体的火力点也可以对来袭的敌人造成巨大的阻力。队伍通常还要配备一名狙击手，狙击手的特点就是一枪毙命，可以在瞬间击倒一名敌人，直接让场上的局势发生瞬间转换。另外，队伍中通常还有自由人，这名自由人要有很好的意识和侦察能力，能够从敌人的侧翼进行打击。

二、FPS类电子竞技运动项目专项战术训练方法

（一）分解完整训练法

在训练战术时，首先把每一个战术步骤进行分解，如《CS：GO》中通常我们要在进攻之前投掷烟雾弹、燃烧弹、闪光弹，那么就要搞清楚这些投掷道具应该怎么扔、扔到什么位置、投掷顺序等问题，需要对投掷道具的程序熟练；然后再练习搜点（找出敌人可能藏匿的位置），一定要把搜点的顺序搞清楚，否则就会容易遭到敌人的偷袭；最后要练习的是防守。我们把这一套匪徒进攻的战术分解为三个独立的程序进行训练，再进行完整流畅的战术训练。

（二）实战训练法

实战训练法则需要寻找合适的练习对手。在平时的练习中，可能并不需要做有针对性的战术训练，而是做适用性较广泛的战术训练。而在正式比赛之前，需要模拟比赛对手的战术，然后通过对抗检测战术成功性。

在实战训练法中，训练手段可分为两种，一种是模拟实战训练，即请一些实力近似对手水平的人，专门训练特定地点的攻防。第二种是通常使用的训练赛。我们可以使用分解训练法，与练习对手进行单独步骤的实战战术训练。

以上两种方法一般是运用在职业队，而在青训队伍中，则可以运用加难和减难训练法和表象训练法。根据青训生的竞技水平，教练提供适宜的战术训练，让青训生通过容易操作的战术，使他们获得成就感，促进他们训练积极性。表象训练法可以锻炼学生的战术执行能力，还可以锻炼他们的表象能力。

第五节　FPS类电子竞技运动项目世界顶尖战队分析

一、战队成绩

Astralis战队（简称A队）是现今世界上最成功的《CS：GO》战队。它来自丹麦，战队成员有glalve、device、dupreeh、Xyp9x、Magisk。

A队成立于2016年，同年便以黑马之姿取得了ESC第二季总决赛冠军，2017年获得ESC第三季总决赛季军，并且在2018年拿了《CS：GO》比赛的多项世界冠军。A队2018—2019年的成绩如下：

（1）DreamHack MastersMarseille2018冠军。

（2）IEM Sydeney2018亚军ECS Season 5Europe第一名。

（3）ESL Pro League Season7 Finals冠军。

（4）ECS Season 5Finals冠军。

（5）ELEAGUE CS：GOPremier2018冠军。

（6）DreamHack MastersStockholm2018亚军。

（7）FACEIT Major2018冠军。

（8）BLAST Pro SeriesIstanbul2018冠军。

（9）ECS Season 6Europe第一名。

（10）IEM Chicago2018冠军。

（11）BLAST pro series2019圣保罗站冠军。

（12）ECS S7欧洲赛区常规赛第一周冠军。

（13）2019IEM卡托维兹Major冠军。

（14）2019SL-iMajor冠军。

（15）ECS S8欧洲赛区常规赛第四周冠军。

（16）IEM北京2019总决赛冠军。

这样的成绩让任何对手都不寒而栗，也让电子竞技研究者深深地好奇为什么他们会强大到如此地步。我们将按照技术特点、战术特点和心理特点三个方面去分析这支队伍，尽可能地发现挖掘他们如此成功的秘密。

二、技术特点

A队枪法精准稳定，枪法上很少失误，尤其是device和Magisk这两名选手。device在队内担任狙击手，在他的比赛中很少使用盲狙技术（不开放大瞄准镜的狙击枪射击技术）。盲狙是可以让观众眼前一亮的高端技术，但是缺点是即使经过大量的练习，不开瞄准镜的话仍然会产生射击误差。device在枪法上力求“瞄准射击”，做到不空枪，面对敌人成群地冲锋，他几乎不使用盲狙技术出其不意地攻击别人，而是换个位置继续打开瞄准镜对敌人进行精准打击。Magisk的枪法也是十分稳定的“瞄准一射击”模式，很少看到他因为敌人的突袭而变得惊慌，并且他的自动步枪的技术是非常出色的，压枪扫射的实力非常强劲，经常把成队的敌人连续击倒。

A队的位移技巧也非常出色，比如他们在防守时，一旦击倒一个敌人经常快速地移动到第二点，再次架起枪阻挡敌人的进攻。在近距离战斗时，巧妙地利用掩体，精准地控制虚拟人物的身体只移动到掩体的边缘并露出半个身子与敌人进行对枪。他们还经常使用晃点技术，侦查敌人的位置或者使敌人开空枪，然后对敌人进行击杀。他们还有一项非常好的技术，即对敌人射出第一发子弹时往往蹲下虚拟人物的身子，因为当虚拟人物蹲下射击时，射击的稳定性会提升很多，同时减少了受弹面积。

他们的投掷技巧也十分优秀，通常能够把高爆碎片手雷扔到敌人的身边，造成很高的伤害；一名队员使用闪光弹，一定会有另外一名队员快速突击敌人，这种配合非常流畅；烟雾弹也能精准地扔到指定地点。

他们的个人意识方面可以说非常强，但战术纪律性更强。他们似乎是一个整体，分析个人意识强弱似乎没有太多的意义。

三、战术特点

他们几乎没有单兵作战的情况，他们的支援速度极快，做到这一点要求侦察能力强。他们能控制住地图中能够最好地收集信息的点位，我们把这种做法叫作控图。控图能力强就意味着信息收集更多，这就符合“知己知彼”的战术原则。

正因为他们能够做到“知己知彼”，才可以表现出他们很强的意识。而他们面对敌人隐藏信息时，也就是敌人通过佯攻控图时，他们的防守是纵深和立体的。

其次，他们总能做到出其不意，比如在细节上架枪的位置总是不固定的；在整体战术方面，尤其是进攻时，总能以声东击西的方式扰乱敌人的判断。有一场比赛，A队在第三局中，同时佯攻A、B两点，让敌人分辨不清他们真正的意图，只好全力守好各自的点位而不敢轻易回防，最后A队再集中全部力量打击某一个防守略微薄弱的点。

他们也充分运用了“主动灵活”的战术原则。他们在防守时，总是不断地变换阵形，只要收到信息，就会快速集中力量打击敌人。

不过即便是这么全面的战术能力，他们2017年几乎没有拿过冠军，原因在于device的伤病，这也证明了战斗力是战术执行的决定因素。

四、心理特点

我们可以把心理技术理解为心理素质。沉着冷静是A队五名队员共有的特质，没有一名队员因为紧张而变得不在状态。“瞄准射击”这种模式建立在沉着冷静的心理基础之上，如果惊慌则会出现准心没有移动到敌人的身体或者头部就开枪射击的情况。惊慌是最容易造成选手打空枪的原因。

沉着冷静还表现在战术执行方面，他们几乎没有冲昏头脑的“英雄主义”。通常来说敌人成群地冲锋，是十分棘手的情况，他们必须选择一名敌人进行射击，然后躲到安全位置换子弹。但是A队队员都十分冷静地处理敌人的冲锋。

A队的技术、战术、心理都十分优秀才可以取得如此成就，如果不全面发展的话，拿到冠军是十分困难的事情。比如技术、战术能力很强，心理素质却不强，心理状态就会影响电子竞技运动员的个人技术发挥，而个人技术发挥不稳定就会导致战术的执行不稳定。再比如战术很强，但是个人技术不行，我们就可以利用本书中的“战斗力、战术、战略三者关系”理论作出判断——这种“战术强，战斗力低”是一种失败的能力组合。如果是技术和心理素质都很强，而没有战术能力，那么就会被对手使用战术诱使自身队伍处于被动局面，进而输掉比赛。

第六章　MOBA类电子竞技运动项目训练方法

MOBA类电子竞技运动项目主要有《英雄联盟》《DOTA2》和《王者荣耀》。下面将介绍MOBA类电子竞技项目的发展历史，还有项目的训练原则和训练方法，最后将一支世界顶级强队作为我们学习的对象进行分析。

第一节　MOBA类电子竞技运动项目概述

MOBA（multiplayer online battle arena）中文译为多人在线战术竞技游戏，又可定义为动作即时战略游戏（action real-time strategy，ARTS），源自即时战略游戏（RTS）。玩家被分为两队，通常每个玩家只能控制其中一队的一名角色，以打垮对方队伍的阵地建筑为胜利条件。

MOBA一词并不能很好地区分出《英雄联盟》等多人在线推塔游戏与使命召唤系列、战地系列等其他类型的多人在线游戏，也不能很好地区别于魔兽争霸系列、星际争霸系列等即时战略游戏。但MOBA这个词在一定程度上被国际游戏界所接受和使用。

一、MOBA类电子竞技运动的历史

2002年，暴雪发布了另一款实时策略游戏《魔兽争霸Ⅱ》。它和《星际争霸》一样，玩家也可以在这款游戏中创作自定义的地图。2003年，一名叫作Eul的地图编辑者受到“Aeon of Strife”地图的启发而创作了名为“Defense of the Ancients”（DOTA）的地图，很快，其他的玩家们也创作了自己版本的DOTA。每个创作者都可以自己增加英雄、物品和其他防御设施。新的RPG地图在新的土壤中得到了迅速的发展，经过Eul、Guinsoo、Icefrog等作者们的不懈努力和更新，DOTA最为成功。DOTA也从大体上奠定了后续MOBA游戏的基本框架，之后所有的MOBA游戏都或多或少地借鉴过DOTA的设定。但实际上，由于DOTA原封不动地使用了

《魔兽争霸》的模型和贴图，所以，DOTA并不是一款独立存在的游戏，而是一张地图。

在DOTA之后，还出现了许多优秀的类DOTA游戏，其中以美国拳头游戏公司（Riot Games）在2009年出品的《英雄联盟》最为著名。全新的平台、上手难度低等DOTA不具备的优势使得这款游戏迅速风靡全世界。到2014年，《英雄联盟》创下同时在线750万人、月活跃玩家6700万人的记录，将MOBA游戏发展到了一个前所未有的高度。MOBA游戏也借此成为世界上受众最广的游戏类型。同时《英雄联盟》超高人气的赛事也极大地促进了电子竞技的发展。《英雄联盟》还致力于推动全球电子竞技的发展，除了联动各赛区发展职业联赛、打造电子竞技体系之外，每年还会举办“季中冠军赛”“全球总决赛”“AllStar全明星赛”三大世界级赛事。其获得了亿万玩家的喜爱，形成了自己独有的电子竞技文化。《英雄联盟》是一款多人竞技类游戏，于2018年被列为亚运会项目。

二、MOBA类电子竞技运动项目特征

（一）时空的特征

《DOTA2》和《英雄联盟》的地图从本质上来说基本具有一致的特征：①三条出兵线路，双方在三条路上展开作战；②双方各自有一片对称的野区；③地图的中心两侧有较高价值的资源点；④双方区域的每一条路都有三个生命值较高的防御塔镇守。

在时间上没有限制，区别于FPS类型游戏时间的限制性。在《英雄联盟》韩国LCK赛区，JinAirGaming战队与SKTT1战队曾经打过一局长达94分钟的比赛；而在《DOTA2》中，曾有一局比赛时长达5小时3分30秒。因此可以说每一局就是一场决斗，没有平局可言。双方的地形是比较平衡的，区别在于野区的非镜像对称，即如果把蓝色方的野区旋转180°，与红色方的野区一致，它是旋转对称的。

（二）经济模式

每个电子竞技运动员在游戏中可以通过击杀小兵、野怪、高价值野怪BOSS和敌方英雄这四种方式赚取金币，用于购买武器装备，每一名选手所赚得的金币是独立且封闭的，不能共享，且只能用于购买装备升级装备，不可做其他强化，如英雄等级等，不过在共同击杀敌方英雄时，给予最后一击的选手一般将会得到300奖励金币，多与助攻的队友一般会得到150个金币，如果击杀掉暴走的敌人（连续击杀我方队员而没有死亡的敌人），将有额外的金币奖励。

（三）武器装备特征

《英雄联盟》的“5V5”匹配比赛中有159种武器装备，《DOTA2》中有156种武器装备。

这些武器装备可以分为五大种类，分别是：消耗类、移速类、防御类、攻击类、法术类。消耗类主要是前期对线时，给提供玩家回血能力，使玩家前期能够顺利地升级和补兵。移速类主要是增加虚拟英雄的移动速度。防御类可以进一步分为，物理防御、法术防御、提升血量三类。攻击类也可以分为攻速类和物理攻击类，个别提高攻速的物品可以提供固定的魔法伤害。法术类主要是增强法术伤害的装备。

（四）技能特征

无论《英雄联盟》还是《DOTA2》中的虚拟英雄，一般都只有四个技能，对应键位Q/W/E/R。《英雄联盟》中多出来两个召唤师技能，对应键位D/F，召唤师技能是所有虚拟英雄可以共同拥有的技能。

每一个虚拟英雄都是独立存在的，有独特的背景故事。它们拥有的技能也几乎是独一无二的，也许有一些技能本质是相似的，但至少发动的方式、过程、动作画面都是不一样的。它们的技能类型可以分为以下四种：

1.伤害型技能

伤害型技能，可以进一步分为近距离和远距离两种伤害型技能。一般来说，近距离的伤害型技能威力较大，比远距离伤害型技能对敌人造成更多的打击。不过也有例外，《英雄联盟》中的“狂野女猎手”和《DOTA2》中的“米拉娜”，它们都有一项独特的技能，这个技能随着距离增长而威力增加。这种英雄就属于远程消耗型的英雄。

2.控制型技能

控制性技能包括将敌人减速、定身（定身附带沉默、使敌人完全不能动弹）、眩晕、禁锢、压制、击飞等。减速是一种弱控制技能，通常减速的幅度在30%左右。若减速幅度的增加，减速技能也相当于一种定身技能了，但是敌人有位移技能的话，减速的弱控制属性就凸显出来了。定身、眩晕、禁锢、压制、击飞是控制型技能核心代表。控制型技能将敌人定住，本质是使人失去机动的能力，便于我方集中火力攻击。如果一支队伍缺少控制技能，就很难实现集火，给予敌人致命打击。有的时候，一个控制技能并不能让我方在控制时间内击杀敌方虚拟英雄，因此可能需要两到三个控制技能，也就是说一个团队至少需要两个控制型技能以形成有效的控制链。

3.位移/回避技能

位移技能指己方虚拟英雄可以瞬间达到某个位置的技能，通常来说是闪烁、加速、快速翻滚/滑步、突袭、回到队友身边等技能。需要特别说明的一点是加速技能也属于一种弱位移技能，但是加速技能可以帮助己方英雄拉开与敌方的距离，掌握战斗的先机。回避技能是回避攻击或者 化自己使己方虚拟英雄不能成为敌人目标的技能。总之，位移/回避技能是有效保存自己的技能，并且增加机动性，从而更好地掌握战斗的主动权，像一般刺客型英雄都带有位移技能，既可以保存自己，又可以快速突袭敌人英雄造成致命打击。

4.回复技能

回复技能是指回复血量的技能，它的核心功能就是保存己方英雄。

最好的保存自己的方式就是打击敌人。纵观各场经典赛事，双方都很少使用回复型的英雄。具有高伤害的英雄会携带保存自己的武器装备或者召唤师技能。因此，回复技能需要根据阵容来选择回复技能很强的英雄。

（五）英雄特征

英雄的角色被定义为法师、战士、刺客、射手、坦克、辅助。通常来说某个角色的定位也不是绝对的，有的法师可以充当坦克或者辅助的角色，有的战士可以充当坦克或辅助的角色，有的辅助可以充当法师或坦克的角色。角色的定义是根据初始定位和武器装备相结合而定的。

（六）上帝视角

上帝视角在游戏中是指玩家可以俯瞰所操作的人物、物品和建筑等。MOBA类电子竞技运动项目一般以上帝视角进行游戏，玩家不仅可以看到自己和队友所操作的虚拟英雄，还可以看到在英雄视野范围内的敌对英雄，以及全貌的地图。

MOBA类电子竞技运动项目是现今世界上观众最多的项目，也是奖金最多的项目。它区别于FPS类电子竞技项目的特征很多，主要的区别除了视角之外，还有游戏中击杀敌方英雄的过程不会像FPS类游戏一样在0.2秒之内完成。因此，它更适合大多数玩家的节奏；而且它的战术性要比FPS类电子竞技运动项目更为丰富。

第二节 MOBA类电子竞技运动项目训练原则

MOBA类电子竞技运动项目的专项训练原则更倾向于心理方面。MOBA类电子竞技运动项目与FPS类电子竞技运动项目的一个区别就是击杀速度的快慢。FPS类电子竞技运动项目是步枪射击，子弹即时造成伤害，可以在瞬间击毙对手，而MOBA类电子竞技项目的节奏更为舒缓一些，需要充足的武器装备才可以瞬间击杀对手。因此，MOBA类游戏更加需要一部分潜意识的参与，还需要观察、判断、逻辑运算、推理等，区别于FPS类电子竞技项目需要潜意识自动化完成基本的操作任务。

在意识参与的过程中，情绪扮演了重要的角色，在现有的研究中可以发现情绪智力对智力活动是有正向作用的，不过，现阶段情绪智力对各种类型的电子竞技运动的影响程度有待研究。而MOBA类电子竞技项目本身是一个极需要团队密切配合的游戏，会让人产生更多情绪的游戏情境。因此，MOBA类电子竞技运动项目中应有锻炼情绪智力的训练原则。

一、心态平和原则

心态平和原则指只有在心态平和的情况下，电子竞技运动员才可以智力发挥正常。我们经常用一个网络词语“上头”来形容电子竞技运动队员在紧张、着急或情绪激动的情况下容易做出不理智的操作。

MOBA是“5V5”的游戏，即便其中一人很强，也不一定能带领队伍取得胜利，必须五个人选择合适的阵容，然后通过五个人的战术运用及密切配合才能取得胜利。然而在遇到很弱的队友时，很多青训生都表现得不耐烦、急躁，就连职业队员也会成为“键盘侠”。

实力弱的队友会在对线上失利，在配合上产生失误，还有可能出现不支援队员等情况，这些情况都使一支队伍无法正常地使用战术。此时，五名队员就可能产生争执，进而影响到每个人的心态。

在心态被影响的情况下，情绪变得急躁、缺少耐心，这些情绪会严重影响到电子竞技运动员的理性思考，使他们缺乏观察，降低了他们的判断能力、思维能力和记忆力。因此，教练应该首先指导电子竞技运动员时刻保持心态平和。如果没有做到这一点，会严重影响训练的效果，尤其对青训队员来说。

平和的心态使电子竞技运动员在训练时，可以理清思路或者开创新打法，有助于他们的学习和领悟，还可以让他们清楚理解训练目标。例如，让青训队员练习补兵和控线，但是队员的心态被随机匹配的路人玩家所影响，该名队员的注意点就可能留在队友的错误细节上，而忘记了在这一局中的训练目标。

我们再应用科学的理论解释这一条原则。人的脑电波有四种基本的脑电波，其频率变动范围在每秒1—30次的，可划分为四个波段，即δ（1—3Hz）、θ（4—7Hz）、α（8—13Hz）、β（14—30Hz），除此之外，在觉醒并专注于某一事时，脑电波常可见一种频率较β波更高的γ波，其频率为30—80Hz，波幅范围不定。α波频率平均数为10Hz，幅度为20—100uV。它是正常人脑电波的基本节律，如果没有外加的刺激，其频率是相当恒定的。β波幅度为100—150pV，当精神紧张和情绪激动或亢奋时出现此波。

α波是连接意识和潜意识的桥梁，是仅有的有效进入潜意识的途径，能够促进灵感的产生，加速信息收集，增强记忆力，是促进学习与思考的最佳脑波。运动领域专家发现，运动员在做出顶级表现之前，左脑中会产生大量的α脑波。而初学者或普通运动员的大脑中没有产生这样的α脑电波。对射箭运动员的训练过程脑波分析，随着训练时间的一天天增加，训练成绩的一天天提高，在做出漂亮的一射之前，大脑中的α脑波也在逐渐增加。α脑电波是顶级表现的基本因素，虽然提高脑电波需要时间。也就是说当电子竞技运动员需要操作时，大脑需要产生一个α脑电波，来使一个熟练的自动化动作完成。但是如果情绪不稳定，就会使大脑产生β波，会影响到某些操作的自动化过程，也不利于电子竞技运动员的学习和领悟。

基于上面的阐述，我们把心态平和原则作为MOBA类电子竞技运动项目的第一个原则。

二、关注自身原则

关注自身原则是指在训练过程中全身心地关注自己所操作的虚拟英雄，这条原则是与心态平和原则相呼应的。在《电子竞技运动心理学》中解释了人的信息加工空间是有限的，我们可以理解为我们的注意力是有限的。当我们关注自身时，也一定会减少对队友失误的关注，这样就不会为队友的失误而产生不良情绪。

当我们关注自身时，除了会减少不良情绪的产生，还会让我们变得更加专注。我们在第五章中讲述个人竞技能力时阐述过，提升注意力可以让电子竞技运动员的操作更为流畅。

为什么我们要在MOBA类电子竞技运动项目训练原则中强调关注自身呢？因为FPS类电子竞技运动项目本身就是以第一视角操作的游戏，画面模拟我们眼睛观看的视角，它更适合我们的大脑处理；而MOBA类是以上帝视角，从空中俯瞰所操作的虚拟英雄，对于一般玩家而言，在开启激烈的团战时，有时都找不到自己所操作的虚拟英雄。想符合关注自身原则就要锻炼电子竞技运动员时刻关注自己操作的虚拟英雄可能遇到的一切情况，只有这样才可以做到不容易被偷袭，能够处理好未知的风险。在2018年LPL赛区春季赛决赛RNG对阵EDG，有一局EDG选手Iboy（现属于VG电子竞技俱乐部），凭借一手极限闪现躲掉对手释放控制大招而技惊四座。这一操作靠的不仅仅是反应力，也在于他十分关注自身英雄，如果他过于关注兵线或者其他情况，将不可避免地被敌人击杀掉。

三、重复训练单英雄原则

重复训练单英雄原则是指，在训练时，对某一个虚拟英雄重复练习。我们学习使用某个新英雄时，要尽可能做到大量重复练习。

以《英雄联盟》为例，可供选择的虚拟英雄多达上百名，在单独训练某一英雄的时候，不仅仅是为了提高对该英雄的熟练度，更是为了让该英雄适应双方阵容不断变换，来思考不同的策略。

当我们重复训练单英雄，直至掌握某一英雄的大部分技能并积累一定对战经验之后，再去练习其他英雄。如果不采取这种训练模式，某一英雄的对战经验的累积将是断点式的，这样不利于我们完全掌握该英雄。依据这条原则指导青训生不断地对某一个英雄进行训练，并且忽略依据阵容选择英雄的思维，使青训运动员快速提高对某一英雄的熟练度。

特别说明的是这条原则适用的时机问题。我们在训练的第一阶段的任务应该是完成各个英雄熟练度的提升，在这个阶段适用这条原则。这帮我们快速完成对不熟悉的英雄的学习和经验积累。当电子竞技运动员需要扩充英雄池时也同样适用此原则训练不熟练的英雄。

四、重视战术阵容原则

重视战术阵容原则是指在选择虚拟英雄时应重视阵容的搭配合理性。

以《英雄联盟》为例，当对手的突进英雄有两个的时候，如果电子竞技运动员训练的位置是射手位（简称ADC），那么就需要具有保存自己的技能，即需要有位移/回避技能型的射手英雄。有的时候，队伍缺乏控制技能，ADC就需要选择具有控制型技能的英雄。这些选择可以参考第五章中的阵容与阵形中的克制关系而定。

阵容的合理性与克制性，大大影响了整场游戏进程，这也是所有队伍重视BAN/PCIK（简称BP，禁止/选择）英雄的原因。

我们在练习某个英雄时，可以忽略阵容的要求。在训练某个英雄时，我们的目标是提高对英雄的熟练度：对于技能的理解、面对各种英雄的打法、技能顺序等。当熟练掌握一定数量的英雄之后，电子竞技青训生应当根据阵容选择英雄，一定要重视BP战术，也就是重视战术阵容。我们会在本章的第五小节中分析BP战术的重要性。

第三节　MOBA类电子竞技运动项目竞技技术及其训练方法

一、MOBA类电子竞技运动项目的竞技技术

（一）对线技术

对线技术是指补兵技术、骚扰与消耗技术、抗骚扰技术、控线技术、击杀技术的综合。

1.补兵技术

MOBA类电子竞技运动项目购买武器装备的金币是通过补兵、击杀敌人和助攻获得的。在比赛时，我们看到与天梯路人局（游戏中分数随机匹配队友的对局游戏）不同的是正式比赛中击杀敌人的数量往往比路人局要少，所有队员的经济

基本上依赖于补兵。这个原因是双方水平大致均衡，很少露出破绽，不给对方击杀的机会。因此，补兵成为了职业电子竞技运动员最基本的竞技技术。

补兵能力差的话，就可能影响队伍整体的胜率。在争夺关键资源时，经济占优势的一方往往更具抢夺资源的优势，比如蓝色方中单选手有2件高级装备，而红色方中单选手差200个金币合成第二件高级装备，就这样一个武器装备的差别就可能导致红色方的抢夺失利。

因此，培养MOBA类电子竞技运动员第一个竞技技术就是补兵，其需要扎实的基本功。补兵能力不是单独存在的，它需要结合精湛的骚扰与消耗、抗骚扰技术和控线技术。如果没有这三项技术的配合，补兵将是非常艰难的。

2.骚扰与消耗技术

骚扰技术是指骚扰对方补兵，给对方补兵提升难度的技术。消耗技术是指消耗对方选手的生命值的技术。

具体来说就是，当对手使用普通攻击去打残血小兵时，我们这时需要做的是骚扰对方。我们通过佯攻或者攻击对手完成骚扰，对手可能选择承受伤害继续补兵或者放弃补兵回避伤害，这个就是骚扰。

消耗的目的是降低对手英雄的血量，当对手英雄的血量值较低时，他们就担心自己虚拟英雄被击杀，这就导致了他们不敢补兵而远离兵线。当对手远离兵线时，我们就可以没有压力地补兵，最终达到增加我方补兵数量而削弱对方补兵数量的目的。

3.抗骚扰技术

抗骚扰技术是指防范敌人的骚扰与消耗的技术。我们的对手也一样会使用骚扰与消耗技术来压制我方补兵而增加他的补兵数量。这时我们就需要抗骚扰技术来制衡敌人的骚扰。

抗骚扰技术分为：躲避和换血。躲避对手的攻击，可以通过走位或者位移技能来实现。换血则是有计划地与敌人正面战斗，使敌人受到的伤害更高。要达成此目标有两种方式：一种是英雄的技能属性要比对方好，英雄属性本身就强于对方英雄；第二种是通过合理规避敌人攻击，然后再给予敌人打击。换血的最终目的是让敌方英雄生命值比我方英雄的生命值更低，从而取得补兵优势的主动权。

躲避技术是在我方英雄存在技能冷却时运用的技术。我们要综合运用换血和躲避这两种技术来制衡敌人的骚扰。

4.控线技术

首先，我们要解释一下兵线的含义。在MOBA类电子竞技运动项目中，兵线是指两方小兵交战的位置。

控线技术是指把兵线控制在己方范围的技术，并干扰对方补兵，使自己更容易补兵、反补、防范gank（MOBA类电子竞技运动项目中的一种常用战术，指在游戏中一个或几个的游戏角色行动，对对方的游戏角色进行偷袭、包抄、围杀，又称“抓人”）。

控线技术含有三个操作技术：推线、稳线、收线。控线技术是这三个操作技术相结合的技术，其目的是增加我方补兵、减少对方补兵，阻止敌方英雄的经验值和等级的提升。因为击杀小兵除了获得金币，还能提升英雄的经验值，经验值达到一定数值就会提升英雄的等级。下面我们将详细讲述这三个技术，并且说明控线技术是如何达成阻止对方经验提升的目的。

推线，简单地说就是以最快的速度把小兵全部清理干净，使我方小兵顺利推进，把兵线往敌方基地方向推进。推线的时机要在敌方不能给予自己骚扰的时候，具体地说就是敌方英雄生命值较低或者无人与我方对线的时候，即无力对我方进行骚扰和消耗的时候。适用于前期需要回城补给装备和后期利用兵线攻击敌方防御塔的情况。后期推线的作用通常是牵制敌方英雄，使敌方英雄进行回防组织，便于我方摧毁防御塔。巧妙运用推线技术，可以达成分散敌人兵力的目的。

稳线，是指将兵线控制在某个位置，不让兵线进一步推进，也不让兵线进一步后退。具体的操作方法就是不要经常攻击小兵，让小兵自行攻击损耗，也不要尝试攻击敌方英雄。否则会招致小兵攻击己方英雄，而我方小兵就会进一步攻击敌方小兵，从而保存了我方小兵的血量，导致了把兵线往前推的结果。但是如果敌方英雄对我方英雄骚扰与消耗，或者敌方攻击小兵，意图把兵线往前推，我们应该反击或者避开，然后攻击敌方小兵，制衡敌人的推线，这时就能把兵线稳住。

收线，是指控制兵线，使兵线后退。在《DOTA2》中可以对小兵进行反补达到把兵线收回的目的，而在《英雄联盟》中只能等待敌方防御塔　力地攻击己方小兵或者敌方英雄攻击己方小兵实现收线。当敌方有两波小兵汇合在一起时，我们把对方的小兵消灭至仅剩四个远程小兵时，兵线就可以慢慢往回退了。收线的目的就是把兵线控制在离我方防御塔较近的距离，利于我方英雄快速回到防御塔范围之内躲避敌人的突袭。

控线技术怎么让敌方减少经验值的提升呢？举例来说，《英雄联盟》中英雄需要回城来补给装备、生命值和魔法值，而回到线上通常需要20秒左右，加上回城和补给时间，可能需要30秒左右的时间。那么在这30秒内，利用好收线技术就能让敌方小兵“吃掉”我方更多的小兵，我们到线上就会“吃到”一大波兵和它们的经验值。当我方英雄和敌方英雄都无法在线上持久地补兵发育时，双方都有回城补给的打算，我们尽可能地把兵线推到敌方防御塔，等我们回到线上时，兵线就会自然地推向我方，我们就可以获得更多的经验值，而对方就会少“吃”几个兵的经验值。

5.击杀技术

击杀技术是指将敌人的生命值消耗至斩杀线时，对敌人进行攻击，实现斩杀对面的虚拟英雄。我方英雄使用技能攻击敌方英雄，达成瞬间斩杀的效果，此时敌方的生命值的数字即为斩杀线。

MOBA类电子竞技运动项目中的英雄非常多，而每个英雄的能力又是不同的，因此，每个英雄的斩杀线也不同。通常刺客、法师的斩杀线较高，其次是射手和战士，最低是坦克和辅助。斩杀线还取决于武器装备的质量和英雄的技能等级。

我们在对线时，通过不断地消耗对方生命值，直至消耗至斩杀线，对敌人造成击杀。因此，消耗技术是击杀技术的一部分，但不是全部，击杀技术的核心是对于我方英雄的单位时间内最大伤害值的理解和熟悉，以及击杀方式（技能释放顺序和普通攻击的结合）。每一种技能释放顺序都会造成不同的伤害结果。如果电子竞技运动员没有按正确的顺序释放技能，就可能无法斩杀对方英雄。其次，击杀技术的另外一个核心是技能的命中率。了解了斩杀线和正确的技能顺序，在最后执行时却出现了技能未命中，这是失败的击杀操作，因此，它是一个很重要的核心技术。

由上文我们可以出总结击杀技术是消耗技术、了解斩杀线、正确的顺序释放技能和技能命中率这几项技术的综合。击杀技术的目的是增加我方金币，造成敌方英雄的死亡，使敌方不能补兵及阻止它们经验值和等级的提升，以及可以更自如地控制兵线。

以上这些技术共同构成了对线技术。对线技术是电子竞技运动员最重要的能力。如果我们被对方消耗至斩杀线时，我们就要远离兵线，放弃补兵。如果被敌人击杀，当我们再回到兵线，可能已经无法控制兵线了，敌人的优势就会逐渐积累，我们就会逐步丧失掉战斗的主动权，进而输掉比赛。因此，我们应该把训练运动员的对线技术作为首要训练目标。

五名英雄在对线期积累足够金币购买高级武器装备，同时等级也提升到了一定水平，这时就进入团战期，双方随时可能发生团战。因此，对线技术也不是电子竞技运动员全部技术，它只是核心的技术之一。

（二）支援/游走

支援技术是指帮助队友推线或击杀敌方英雄。游走技术是指放弃兵线帮助其他兵线或者野区队友的技术。支援是在队友遇到危险时所做的动作，而游走通常来说是具有主动性的支援。

支援分几种情况，第一种我方打野英雄在野区与敌人相遇，相遇地点距离哪条路最近，相应路线的己方英雄就应该及时支援。第二种情况是敌方主动游走或者利用传送技能突袭我方线上英雄时，对应线的英雄应该及时支援。第三种情况是我方某一条线被敌人集中力量压制时，我们也应集中力量，支援该线的队友，抵御敌人的推进。

游走的目的是突袭敌方英雄，一般是中路和打野位置的选手。游走的决策判断需要根据双方阵容的优劣势决定。有时，是为了帮助我方后期英雄发育，打乱敌方压制我方后期英雄的计划；有时，是为了压制敌方后期英雄的发育；还有就是为了扩大优势等。

无论支援还是游走，首先要判断，是否能够有效地帮助队友。在比赛中，常常看到精彩游走与支援的对决，有效的支援可以帮助队友成功抵挡敌方的合力攻击；有效的游走可以帮助队友稳定发育或者建立优势。而在天梯路人局中，情况就不那么理想了，随机匹配的路人实力参差不齐，可能与对手有很大的差距。即便去支援也未必可以和队友做到紧密配合，进而在2v2的战斗中失利。因为在支援时，我们放弃了兵线或者野区资源，而如果在战斗中我们又失败了，这就会导致我们不能控制兵线，或者造成野区资源被抢夺的局面。因此，在天梯路人局中，我们要格外小心支援。我们过去支援，但是己方英雄已死且不能够击杀掉敌方英雄时，应该放弃支援，继续补兵发育。如果能够击杀掉对方英雄，还可以帮助队友整理控制兵线，让他回到线上时，可以比对方“吃到”更多的小兵和经验值，弥补损失。其实，这个逻辑的本质就是一波小兵大概100个金币，击杀掉敌方一个英雄有300个金币，助攻有150个金币，通过及时的支援收获的金币比补掉一波小兵的金币高，那么就可以做支援。要考虑敌方对线英雄也会补兵，如果支援不成功，那么敌方对线英雄稳赚一波小兵，而我方不仅丢了一波小兵的金币，还可能失去兵线的控制。因此，在考虑支援/游走时，必须考虑是否能够帮助队友，尽可能地减少损失或者增加己方收益，然后再决策是否支援或者游走。

支援/游走的技术建立在电子竞技运动员对于局势分析的基础之上。而对于青训队员则更需要先提高他们的对线技术，再提高他们的支援技术。如果青训队员对斩杀线的理解不全面或者技能命中率较低，就可能造成支援失败的局面。

（三）走位技术

走位技术是指虚拟人物的有效移动，可以帮助我们躲开敌方英雄的攻击，或者是通过移动击杀对方英雄的技术。良好的走位可以躲避敌方的伤害、调整视野，以及利用地形等使自己获得优势，但同时其他人也可以利用你的走位或者预判你的走位进而作出反应。

无论是在FPS类项目还是MOBA类项目中，精英电子竞技运动员的走位技术都是非常优秀的。在攻击敌人时通过不断地移动，可以使整个攻击过程更有效率，技能衔接流畅。在防守敌人时，可以通过不规则走位，打乱敌人的预测判断，降低敌人的技能命中率。

在MOBA类电子竞技运动项目中，可以通过走位来阻挡敌人的行进，就好像篮球运动中的卡位。在《DOTA》系列项目中，甚至可以操作虚拟英雄去卡位兵线，使兵线更慢地移动，以达成兵线后退的目的。在《英雄联盟》S系列赛中我们常看到非常亮眼的走位技术，其包括通过S型或者非S型躲开敌人的致命技能。下面我们将介绍什么是S型走位和非S型走位。

S型走位是指移动的路径像字母“S”一样。这种走位技术很平常，如果仅仅使用这种走位技术，可能会有效地避开一般玩家的攻击。但是遇到水平较高的玩家则不会有效。S型走位的另外一个功能就是阻挡撤退的敌人。

非S型走位是指移动路径区别于S型的走位，我们又可以称它为不规则走位。S型走位可以理解为有规律地向左前移动，然后再向右前移动，就像正弦函数，向左或向右偏移幅度是一样的。然而，有规律的走位容易被敌人识别，这时我们就采取非S型走位。可以使向左或向右的偏移幅度不对等，这样就可以达到不规则走位的目的了。

假如我们一开始选择S型走位，并没有躲开敌人的攻击，导致了我们阵亡。那么下一次再交手之时，我们就应该选择非S型走位。这时敌人就容易误判。总之，S型走位和非S型走位可以相结合使用，达到出其不意的效果。

（四）配合能力

配合能力是指能够配合队友击杀敌方英雄或者控制兵线的能力。配合能力是建立在全面了解所有英雄的基础之上的，因为只有了解队友和敌人所使用的英雄特性，才能与队友紧密配合。

配合队友击杀敌方的能力强弱取决于对敌人的了解程度、技能命中率和对伤害的计算。通过观察和沟通，了解敌方英雄是否位移/回避技能及其是否处于冷却中。如果敌方英雄的位移/回避技能都处于待发状态，那么就需要预判敌人位移的位置或者回避的时机，然后寻找合适的时机与位置对敌人精准地使用技能，将敌人控制或者造成恰好致命的伤害。

配合队友控制兵线，从而抑制敌方补兵和经验提升。有时，队友在对线中处于劣势，我们在支援队友时，最好是能造成击杀，不然我们等于损失线上或者野区赚取金币的机会。因此，通过协助队友完成击杀敌方之后，我们要协助控制兵线。这两个步骤合在一起才算是一个完整的配合。

（五）意识

意识是指能够预先判断敌人的行动或者计划能力。这项能力其实和FPS类电子竞技运动项目中的意识的本质一样，都是预测防范敌人的突袭或者预测敌人的位置。但是不同的是，由于地图是对称的，它的结构清晰的，还有运动员是用上帝视角进行游戏的，所以MOBA类项目中的意识不需要对地形的特别考察。而预测敌人位置的方法，是通过敌人刷野（打野英雄击杀野区内的野怪资源）的顺序、敌人出现在我方视野的位置和时间来判断的。意识这项能力的提高要点在于对时间的把握，如敌方从基地移动到线上的时间或者敌人刷野的时间等。

MOBA类电子竞技运动项目中，有一侦测视道具，通常是一种眼睛的外形，我们简称眼。这个眼可以帮我们侦测敌人的位置，但是它一般是有时间限制的。这个侦测道具还可以被敌人销毁。在我们不能判断敌人位置时，应该多去布置这些侦测道具，即便被摧毁了，我们也能知道在摧毁侦测道具前敌人的位置，通过计算敌人移动的时间来判断敌人的位置。意识是我们在没有视野的时候应用的，意识相当于一种视野的补足能力。

二、MOBA类电子竞技运动项目的竞技技术训练方法

（一）对线技术训练

针对不同的对线技术，我们在训练时可以对应分为补兵训练、骚扰和消耗——抗骚扰综合训练、控线训练、击杀训练这四项训练。除了这四项训练之外，还有一项基本训练，它是骚扰和消耗技术以及击杀技术的关键训练，即假人训练。

1.补兵训练

补兵训练是MOBA类电子竞技运动项目中最为基础的竞技能力。

首先建立自定义游戏，去除电脑玩家，运动员选择普通攻击相对较弱的虚拟英雄，然后进入游戏开始练习。练习的要点就是使用普通攻击只给小兵最后一击，并且不要购买任何增加普通攻击力的武器装备，每组练习200个补兵，练习3组。这是初期的训练方式。在训练四到五天之后，运动员可以使用技能补兵，也是每组200个补兵，练习3组。

补兵训练没有捷径可言，只有不断地练习，每日第一项训练就应是补兵训练，把补兵训练作为一项热身运动。

2.假人训练

假人训练是指在训练模式中设立假人进行技能伤害值计算，在《DOTA2》和《英雄联盟》中都有训练模式，在此模式中可以任意添加静止不动的敌方虚拟英雄，我们把这些虚拟英雄称为假人。在这个模式下，使用组合技能打击假人，并计算和记录技能造成的伤害数值。

假人训练是在练习新英雄时一项必需的训练程序。这个模式下，可以练习连续技能的速度和准确性。假人训练可以扩充电子竞技运动员的英雄池。

假人训练的目的是确认技能连招造成敌人的最大伤害，确认虚拟英雄的某些技能组合的最大伤害之后，才能在消耗对方血量时计算我方英雄造成的伤害是否大于敌方英雄给予我们的伤害（换血的概念）；我们还可以理解在敌方英雄生命值达到多少数值之时，就可以发动组合必杀连招将敌人击杀。

3.骚扰和消耗——抗骚扰的综合训练

我们将骚扰和消耗及抗骚扰综合训练。骚扰有时是可以通过走位去完成的，可以兵不血刃地阻止敌方补兵，具体的方式有两种：一种是在敌方生命值较低时，走到敌方兵线的后面，只要敌人补兵就必须与我们战斗，由于敌方生命值较低，我们就可能击杀对方，因此敌人不敢补兵；第二种是，在敌人即将攻击残血小兵之前，我们走上前去对敌人进行攻击，此时，敌人会选择小幅撤退或者进行反击，我们选择的英雄最好在属性上强过对方英雄，不然是不能实现第二种方式的。

消耗的本质是趁敌人防备能力低的时候，使用组合技能或者单一技能，打击敌人，降低敌人的生命值。消耗的概念和骚扰有相同的部分。

而在抗骚扰技术中，也有两种方式对抗敌人骚扰：一是小幅撤退或者使用技能回避伤害；第二种是反击，在换血中取得优势。抗骚扰技术的第二种方式与消耗有关系。因此，我们将这三个技术统一训练，训练是进攻与防守相结合的。

我们最好选择实力相近的对手进行一对一训练。

4.控线训练

控线的原理其实并不难理解，但是难点在于和实力相当的人对线时，对兵线推进方向的掌握。骚扰和消耗过多会使兵线前进，使我方容易遭受gank；一味地收线，当兵线抵达我方防御塔范围之内，兵线又会触底反弹。

控线的本质是根据英雄属性来决定兵线的方向。如果英雄属性较弱，就应该尽可能收线，当兵线遇到防御塔反弹时，首先要做的就是插眼，然后靠近有视野的地方。如果英雄属性较强，就可以把兵线稳住，尽可能控制兵线在距离防御塔不远处但又不进入防御塔火力范围之内。

控线训练的第一阶段可以在补兵训练中完成，也就是说运动员在练习补兵时要注意稳线和收线。第二阶段则是在骚扰与消耗——抗骚扰训练中完成，应综合实战中的多种因素，练习控线技术。

5.击杀技术

击杀技术的练习需要消耗技术、了解斩杀线、正确的顺序释放技能和技能命中率这几项的综合训练，我们可以通过假人训练来计算消耗值和斩杀线，还可以练习技能释放顺序、操作手速和技能命中率。总之，假人训练可以作为击杀技术训练的基本训练之一。第二种训练手段则是实战训练。

（二）支援/游走训练

支援/游走的前提必须是电子竞技运动员发现或者意识到敌人的计划或者行动规律。其次，要锻炼电子竞技运动员不断扫视队友状态的习惯。如果运动员都不能发现队友需要支援，那么就无从谈起判断是否支援的问题了。

在支援/游走的训练中，教练需要监督运动员不断地查看队友和敌人，让运动员养成这个习惯。例如，我们查看到对手在战斗中已使用关键的终极大招，那么我们去支援时就不必忌惮敌人的终极大招。同终极大招这种信息一样重要的，还有召唤师技能和武器装备的主动使用信息。

我们可以把支援/游走的第一步定义为观察，养成收集信息的习惯。当然我们也可以问询队友关于敌人的情报。

当收集信息之后，还要练习判断能力，支援/游走前的判断非常重要，如果判断失误就会造成损失。但是怎么练习判断能力呢？这就需要累积经验。

我们给予一个思考的范式：

1.我们的支援/游走是否能够取得高于对方的收益？这个问题是支援/游走技术的核心问题。

2.当决定支援/游走时，我们的英雄是如何有效地击杀对手或者成功护防的？这个问题的本质是要熟悉武器装备的属性、英雄技能特性，还有技能命中率和技能连招。

观察和判断是支援/游走的两个重要前提。收集信息是否精确会对判断造成很大的影响，但是判断本身是非常重要的，即便信息是精确的，但是不熟悉武器装备或者英雄特性等，依旧会对支援/游走产生不利的结果。当运动员具有足够强大的判断能力时，收集信息的重要性才凸显出来。

（三）走位训练

走位是MOBA类电子竞技运动项目中一个很重要的技术。这个技术的训练要点是：首先理解英雄技能特性，即理解技能释放原理、释放方式、技能发射速度等。其次，练习躲避敌人。走位和补兵没有特别的技巧，只有不断地练习才可以增强走位技术水平。因此，训练走位的手段有两个：一是假人训练扩充英雄池，使运动员理解更多的英雄特性；二是使用软件进行专门的走位训练。

这里我们推荐一款练习走位的小游戏——《LoL Dodge Game》，这个游戏的机制和乒乓球运动训练所用的自动发球器一样，游戏程序从四面八方朝英雄发射火球，运动员需要控制英雄不断地躲开这些飞来的火球。

以上这些技术训练方法，都需要在高度集中注意下完成，注意力越高，完成质量越好。注意力的提高，可以增强运动员的反应能力，反应能力则是走位、补兵、消耗和击杀的基础能力。

第四节 MOBA类电子竞技运动项目专项战术及其训练方法

一、MOBA类电子竞技运动项目专项战术

无论是现实战争还是电子竞技运动，战术的本质是将空间、时间和战斗力量有机地结合。在讨论MOBA类电子竞技项目战术时，需要根据项目特征来分析其专项战术中的独特之处。

大多数FPS类电子竞技项目中，人物之间的功能性有差异，但是不多，主要原因是FPS类项目中的人物很少；而在MOBA类项目中一般都有100多个不同的英雄，它们的技能差别很大，也造成了各个英雄之间的技能配合的千变万化。MOBA类项目通常击杀对手需要一定时间，只有在配备足够强大的武器装备时，才能够像FPS类项目瞬间击倒对手（0.2秒内击杀对方英雄）。还有就是视角的区别，MOBA类电子竞技项目中眼的使用相当于雷达侦查，电子竞技选手可以在地图上直接观察到非英雄本身视野范围内的敌人，而且队友之间的视野是共享的。

（一）“知己知彼”战术原则

按照“知己知彼”战术原则，在游戏中要尽可能地收集足够的信息，其中视野方面，可以通过眼的布置来做到“知彼”。但是MOBA类项目中都一定程度限制了眼的应用，也就是说每名虚拟英雄只能携带2—5个眼，而且每名英雄在地图上只能放置三个眼，超过3个的话，最新布置的眼将代替最早布置的眼，还有就是眼的生存时间通常比生产时间要短，不可能做到眼消失后立即插眼。

早期对眼的限制还不够严格。在《英雄联盟》S4系列总决赛中，韩国三星SSW战队就是让每一名队员购买足够的眼，通过眼的侦察来封锁敌人一切动向，最终通过资源掠夺，一步步取得决赛的优势，赢得总冠军。

由于现在对眼的限制比较多，在“知己知彼”这条战术原则的框架下：第一点，我们需要珍惜眼的使用，通过合理控线来减少未知的风险；第二点，我们需要把眼放在关键的点位，既不容易让对方察觉，又可以起到监视对方的作用。

（二）集中力量战术原则

按照集中力量原则，需要注意的是技能的衔接与集火。在埋伏或者突袭敌人时，要做到集中力量，使敌人瞬间失去战斗能力，尤其注意对方的关键英雄。

（三）重视克制性

在MOBA类项目中，根据BP英雄来决定阵容是战术内容中非常重要的部分。这一部分通常由教练和运动员一起商议，最终由教练决定BP。阵容需要的是克制性和时间性，时间性是由于英雄成长属性的不同导致阵容的力量爆发的时间不同。

阵容的搭配需要从这两方面思考。

如果我方使用的是偏于前期阵容，而对方使用的是偏于后期的阵容。那么我方绝对要在敌方后期英雄发育成熟之前，拿下比赛的胜利，理由是时间越拖，越不利于我们取得战斗的主动权；那么敌方就会创造机会将比赛拖入后期。因此，我方必须要使用能够有效开启团战的英雄，迫使对方在游戏前期与我方发生战斗。在BP阶段就可以禁止一些保护能力极强的英雄被选择，从而避免开启团战，对方却成功回避的情况。

二、MOBA类电子竞技项目专项战术训练方法

由于MOBA类电子竞技项目的阵容、发育情况等因素是千变万化的组合，导致其不能使用分解训练法进行训练。因此，只能使用完整训练法进行训练。

MOBA类电子竞技项目的战术是会随着游戏版本（游戏内的规则）变化的，也就是说，MOBA类电子竞技运动项目的战术变更的频率可能相比FPS类的频率要高。因此，MOBA类项目的战队训练要及时跟进版本变化，研发开创适宜新版本的战术。

首先要熟悉版本的变更，以及全面熟悉版本变更之后带来的变化。在这些变化中找到对比赛胜负影响最大的因子，并且把其他变化根据影响程度进行分类。通过这一道程序，我们就能够获知在游戏版本变化中，最重要的制胜因子是什么，以此开展新战术的研发。

在战术训练方法上，我们可以使用表象训练法、模拟训练法和实战训练法。

表象训练法：在大家进行讨论时，集体进行头脑风暴，快速表象各种阵容进行团战的演变过程，进而分析战术阵容的合理性，还可以表象战术配合的整体过程。但是表象训练法适用于水平较高的电子竞技运动员，因为他们经验丰富，能够表象得更加丰富和具体。

模拟训练法是最适合青训生的一种练习方式，不需要让他们进行更多的实战，但要强调战术训练目标，过多的实战和复杂的变化，可能使青训生忘记训练战术的任务。

实战训练法适用于青训生的最后实践阶段和职业电子竞技运动员日常训练中。

第五节　MOBA类电子竞技运动项目世界顶尖战队分析

2017年，FPX电子竞技俱乐部正式成立，并宣布进军LPL。在2019年11月10日，FPX战队3比0横扫G2战队，夺得2019英雄联盟全球总决赛冠军。这支队伍的年龄并不长，却在短时间内成功取得全球总冠军的名次。

世界著名战队很多，如EDG、IG、RNG、SKTT1等队伍。之所以分析这支年

轻的队伍是因为随着游戏版本和战术理念不断升级，我们需要分析最新的冠军。

一、技术特点

作为世界顶尖队伍，对线能力的差异其实并不大，他们的对线能力都非常强，只有很少数的选手可以在线上单杀对方英雄，一般都是其他位置的队友来支援，合作击杀对方英雄。

FPX队员的对线能力、走位能力都很强，英雄联盟S9总决赛中FPX战队的选手数据见表6-1。

表6-1 英雄联盟S9总决赛FPX战队的选手赚取金币和团队贡献数据

名次	选手	单场最高助攻次数	GPM	CSPM	每分钟输出	输出占比	每分钟承受伤害	承受伤害占比
1	Doinb	17	430	8.51	501	25.7%	565	20.7%
2	GimGoon	15	281	7.01	438	22.5%	664	24.4%
3	Lwx	13	481	9.63	498	25.6%	348	14.2%
4	Crisp	22	275	1.47	144	7.4%	386	14.2%
5	Tian	18	364	5.24	368	18.9%	763	28.0%

下面先作一些名词解释：

GPM：每分钟经济，选手比赛中每分钟获得的金钱。GPM=选手获得金钱总数÷选手比赛总时长。

CSPM：每分钟补刀，选手比赛中每分钟击杀的小兵及野怪数量。CSPM=选手击杀小兵（及野怪）总数÷选手比赛总时长，这项数值代表着选手的补兵技术。

每分钟输出：选手平均每分钟对敌方英雄造成的总伤害。每分钟输出=对敌方英雄造成总伤害÷比赛总时长，这项数据可以理解为消耗对方生命值的能力。

输出占比：选手对敌方英雄造成的伤害占全队对敌方英雄造成的伤害的比重。输出占比=对英雄造成总伤害÷全队对英雄造成总伤害×100%。

每分钟承受伤害：选手平均每分钟承受的来自敌方英雄的伤害。每分钟承受伤害=承受来自敌方英雄总伤害÷比赛时长。

承受伤害占比：选手承受来自敌方英雄的伤害占全队承受敌方英雄伤害的比重。承受伤害占比=承受来自英雄总伤害÷全队承受来自英雄总伤害×100%。

现在再看一下在总决赛中与FPX做对手的G2战队的选手数据，见表6-2。

表6-2 英雄联盟S9总决赛G2战队的选手赚取金币和团队贡献数据

名次	选手	单场最高助攻次数	GMP	CSPM	每分钟输出	输出占比	每分钟承受伤害	承受伤害占比
1	Wunder	11	390	8.18	415	24.5%	599	24.1%

名次	选手	单场最高助攻次数	GMP	CSPM	每分钟输出	输出占比	每分钟承受伤害	承受伤害占比
2	Perkz	6	464	10.04	448	26.4%	406	16.4%
3	Jankos	13	327	4.92	255	15.1%	635	25.6%
4	Mikyx	21	245	1.39	155	9.2%	358	14.4%
5	Caps	12	408	8.51	421	24.8%	483	19.5%

FPX队员在GPM每分钟赚取金钱的数值总和是1931，而G2战队的GPM总和是1834。CSPM五人总和的数值对比，FPX是31.86，而G2是33.04。每分钟伤害的数值总和，FPX是1949，而G2是1694。这些数据的背后说明，从对线技术中的补兵能力来看，G2比FPX表现更好，但是FPX每分钟对敌人的伤害更高，也就是说，FPX的消耗技术更强。

我们再从对位来作对比，FPX中单的Doinb选手，CSPM是8.51，GPM是430。与Doinb选手对位的是Caps选手，他的CSPM也是8.51，但GPM是408。我们知道金币的来源是补兵、击杀和助攻这三种方式，如果每分钟补兵数量一样的话，那么Doinb选手和Caps选手的金币差距就来源于击杀和助攻，每分钟有22枚金币的差距。每分钟输出这项数据对比中，Doinb选手是501，而Caps选手是421，这说明FPX的中单选手Doinb的消耗能力更强，消耗能力强也意味着在骚扰和控线方面都占优势。

下路射手位置比较重要，FPS战队Lwx选手，CSPM是9.63，GPM是481，每分钟输出是498；与之对位的Perkz选手，他的CSPM是10.04，GPM464，每分钟输出是448。我们还是可以看出在每分钟补兵上Lwx选手的补兵比Perkz要少，但是每分钟赚取的金钱比Perkz多，输出也相对较多。两支队伍里有一个位置的数据差距比较大，那就是打野位置的Tian和Jankos的数据对比。FPX打野选手Tian的CSPM是5.24，GPM是364，每分钟输出是368；G2打野选手的CSPM是4.92，GPM是327，每分钟输出是255。他俩在输出上的差距每分钟相差了113。其他位置的选手差异都在80之内，但是打野位置的差异超过了100。每分钟输出的差异代表了打野选手的gank能力和团战输出能力，因为击杀野怪是不会产生这项数值的，也就是说打野选手的游走/支援更加精确、有效，成功地把握了游戏的整体节奏，这也是他在英雄联盟S9总决赛中夺得FMVP称号的原因。

二、战术特点

下面作一些名词解释：

KDA：选手参与击杀和参与助攻击杀的敌方数量与自身死亡数的比。KDA=（击杀敌方数量十参与助攻数）÷自身死亡数。

参团率：选手参与击杀占全队击杀敌方数量的比重。参团率=（击杀敌方数量十参与助攻数）÷全队击杀数量×100%。

场均击杀=选手个人全部击杀÷参与比赛场次。

单场最高击杀：所有场次的单局最高的击杀敌方数量。

通过整体风格分析FPX全队参团率明显高过G2战队，这说明FPX战队的团队配合更为密切，他们紧密地配合才会显示这样的结果，尤其是中单Doinb、Tian和Crisp三名选手。在以前的战术意识中，我们只知道中野联动具有非常高的游走/支援效率，但是FPX战队为我们展现了一个中野辅联动的战术特色。他们的打野选手Tian和辅助选手Crisp在联手入侵对方野区时，给对方打野造成极大的压力；而Tian和Doinb则擅长于塔下强取敌人。这种联动效益符合密切配合原则、集中力量原则和灵活主动原则，他们不像G2战队更加强调线上补兵、稳重发育，而是主动放弃一些兵线，集中力量去击杀敌人从而赚取更多的金币。

随着版本和赛区赛制的改变，LPL赛区和LCK赛区的赛制已经形成巨大的差异。LCK赛区保持升降级策略，这使得LCK队伍的打法偏于稳重发育；而LPL赛区则改变为取消升降级的联盟赛制，没有升降级的顾虑，LPL队伍的打法更为主动激进，在不断激进的打法中寻求胜率最高的战术。虽然G2所在的LCS.EU赛区，也采用了取消升降级的联盟制，但是在游戏内的战术依然有些沿袭了较稳重的策略。

我们把MOBA类电子竞技运动项目中的战术分为BP战术和游戏内的战术，现在我们来分析一下FPX战队在总决赛BO5的BP（ban/pick，禁用/选择）战术。

首先双方都禁止对方选择版本强势英雄，其中虚拟英雄暗黑元首辛德拉是一个强力输出兼控制型的法师英雄，不屈之枪潘森是游走、伤害、控制兼备的虚拟英雄。双方在第一轮禁用后两名英雄时，双方都禁止对方选择各自擅长英雄，这个选择是基于对于敌人比赛历史的研究。但是这第一轮禁用英雄，G2战队故意放出了深海泰坦和瑞兹这两名英雄。在FPX战队以前的比赛历史，已经使用过深海泰坦中单的阵容体系了，G2战队很有可能已经研究好了克制的方案。

在第一轮选择阶段，FPX战队首先选择深海泰坦，深海泰坦是一个强力控制型坦克。当轮到G2战队选人，他们选择符文法师瑞兹和惩戒之箭韦鲁斯，这两个英雄都属于是输出控制型。轮到FPX战队选人，选择了盲僧李青和战争女神希维尔，李青是一个前期强力的打野，希维尔是一个高移速的射手。G2战队选择河流之王塔姆，这是一个控制坦克型辅助，但是他的控制需要积攒普通攻击的层数，另外一个特色就是可以小幅度传送。第一轮时，双方BP战术的整体意图还未见高下。

在第二轮禁用阶段，FPX战队禁用了盲僧李青英雄性能强的两名英雄，而G2战队禁用了两名辅助英雄，以防止FPX战队的控制链。接着G2战队选择了蜘蛛女皇作为打野英雄，这个英雄在性能上略低于盲僧。轮到FPX战队选择，FPX战队拿出了海洋之灾普朗克，这个英雄后期伤害非常高，且可以造成大范围的群体减速；辅助则选择了魂锁典狱长锤石，这是一个控制型辅助。最后G2战队选择了中单血港鬼影派克，这是一个控制型英雄，但是他可以高速移动，终极大招是斩杀血量较低的敌方英雄。

我们简述了这些英雄的特性，现在就给大家分析其中的用意。我们从整体输出强度来作对比，G2战队的主要输出由瑞兹和韦鲁斯负责，蜘蛛女皇和派克在输出上属于第二梯队。我们反观FPX战队的输出强度，船长和希维尔属于输出第一梯度，第二梯队则是盲僧李青和深海泰坦。在输出上，G2战队偏于高单体伤害，而FPX战队偏于高范围伤害。尽管高单体伤害的英雄在前期能够取得一点点兵线控制和消耗的优势，但是在中后期的团战会略逊于高范围伤害的英雄。

在两队控制强度方面，FPX战队更占优势，深海泰坦和锤石这两名英雄可以把敌人完全定住，使敌人完全丧失战斗能力，而盲僧李青可以把敌人击飞并且击飞沿途的敌方队友，G2战队的控制技能的强度要弱于FPX战队，虽然也有勾爪和眩晕技能，但是要形成有效地控制链却是非常困难的。

在移动速度方面，FPX战队有拥有海洋之灾的全体减速，而战争女神希维尔的终极技能可以使全体加速。

因此，综合输出伤害、控制和移速三个方面来看，FPX战队选择了具有高移速、强控制、高范围伤害的阵容体系，这种阵容体系的高移速，首先可以决定是否与敌人开战，如果不开就可以及时跑掉；其次，强控制的特性配合高移速特性可以有效提升FPX战队开团的效率，也就是说如果抓住敌方调整部署阵形、敌方英雄尚未达到部署位置的时机，FPX战队可以有效地开团且集中火力击杀敌人英雄。

在第二局的比赛中，FPX战队选出上单暴怒骑士克烈，这个英雄的终极大招是冲击目标位置，沿途路径形成群体加速带。G2战队的阵容在移速和控制这两项的强度还是比FPX战队低，FPX战队又拿下了第二局的胜利。

在第三局的比赛中，G2战队拿出了强力控制阵容，五名英雄中的四名都有强力控制技能，而FPX战队则依然是四名英雄具有控制技能。在控制强度上，G2战队追赶了上来，在移速上两个队伍也没有拉开差距。第三局的BP战斗是平分秋色，也正如比赛的录像中显示的：双方在前期并未拉开差距。但是由于FPX战队在游戏内的战术主动灵活，找准时机，找到敌人的弱点给予致命打击，最终取得了3：0的成绩。

FPX这支战队，无论是在BP战斗上的选择，还是游戏内的战术，都是十分优秀的，因此，他们拿到2019年《英雄联盟》S9总决赛冠军是当之无愧的。

三、心理特点

MOBA类电子竞技运动项目比FPS类电子竞技运动项目更需要队友的紧密配合，因为FPS类电子竞技运动项目中选手单凭自己一人就可以做到击杀一个或者一个以上敌人，但是在MOBA类电子竞技运动项目中，尤其是世界大赛中，这是比较困难的，击杀需要队友的配合。

因此，高凝聚力是像FPX战队这样优秀的队伍的特征之一。高凝聚力团队成员表现的心理感受是对群体的认同感、归属感和力量感。队员相互认可、认同，才可以做到中野辅联动效应。团队凝聚力并不是个体能够创造和影响的事物，它是队员、教练和管理层共同创造的产物。

除了队伍高凝聚力之外，他们也同样具备沉着冷静的心理个性，这是他们的第二个心理特点。他们在进入冠军争夺之前，也不被人看好，甚至被人看轻，网络舆论给了FPX战队很大压力，因为大家都愿意支持上一届世界冠军IG战队。总决赛的场馆位于西班牙，这里的大多数观众是支持G2战队的，可想而知FPX战队遇到的压力还是很大的。尽管这样，他们发挥了沉着冷静的特性，运用智慧取得了最终的冠军。

第七章　电子竞技团队协作及心理技能战略训练

即使世界顶级运动员在团队气氛非常糟糕的球队，也并不能保证整个团队表现很好，就像湖人队的2003—2004赛季，奥尼尔和科比之间的矛盾加剧使团队在NBA总决赛的表现不佳，在赛季结束后由于奥尼尔的脚伤，管理层决定留下科比。

个人力量水平很重要，有些运动队有一位明星带领其他队员。这在传统体育和电子竞技中都可能发生。但是团队合作的力量更大。西班牙赢得了第19届世界杯。西班牙队以其强大的控球能力、快速准确的传球技巧和控场能力征服了世界。西班牙人比他们的对手更了解足球运动。无论是在进攻还是防守中，球员都要控球，共同努力不让对手得到球。这种集体的理解能够征服世界。

第一节　电子竞技团队协作的概念与分类

一、团队凝聚力的概念

团队的凝聚力是团队合作的基础。阿尔伯特·卡龙是著名的体育社会心理学家，他将团队凝聚力定义为一个动态的过程，它反映了一个群体为了追求一个共同的目标而团结在一起的倾向。

一旦群体形成，这种向心力就开始起作用，群体就不再以个人的形式与外界互动。但是这种凝聚力不仅仅是运动员之间的凝聚力，一个电子竞技俱乐部的凝聚力，包括教练员、管理人员、后勤人员等，都是基于共同目标而形成的所有合作行为的吸引力。

二、团队凝聚力的分类

要理解凝聚力与体育团队行为之间的关系，首先要理解的是任务凝聚力和社会凝聚力，其次要理解的是直接措施和间接措施的区别。

（一）任务凝聚力和社会凝聚力

任务凝聚力是指一个体育团队的成员为了达到一个具体而明确的目标而共同工作的程度。例如，当“英雄联盟”专业团队为了实现“41”策略，作为一个辅助的位置需要帮助上单选手提前布置眼线，以及时知道敌人是否抓捕我方单人推线的选手，推线选手必须时时小心，还要与其他四个队友保持同步前进或后退。

社会凝聚力是运动队成员之间相互信任和感情的基础。队员们可以从成为运动队的一员中感受到满足和荣誉感。如果社会凝聚力不高，团队成员之间不喜欢、不信任，就会形成小团体，不利于团队的成长。

在我国的许多电竞俱乐部中，存在着高任务凝聚力和低社会凝聚力的结合。这两种凝聚力的种子是相互独立的。一般俱乐部具有高任务凝聚力和低社会凝聚力的组合，通常没有什么不同，只有在最高层次的地方才能看到真正的差异；高任务凝聚力的正相关超过了低社会凝聚力的负相关，这可能是由于中国人传统的内隐思维以及缺乏社会支持共性所致。低社会凝聚力不会导致玩家之间的高水平冲突（改变游戏规则的冲突）。

（二）凝聚力的直接与间接测量

当将凝聚力分为任务凝聚力和社会凝聚力时，研究团队凝聚力的测量就有了方向。直接衡量团队凝聚力的方法是让球员表示他们有多喜欢为团队效力，以及他们对团队整体功能的感觉。间接测量通过询问每个团队成员对其他团队成员的想法或感受来评估团队凝聚力。团队凝聚力的间接衡量方法不再被使用。

第二节　电子竞技团队协作的影响

一、团队凝聚力的模型

Widmayer、Broley和Cullen在区分任务和社会凝聚力的基础上，提出了团队凝聚力的概念模型，如图7-1所示。这个模型可以帮助我们理解社会凝聚力和任务凝聚力与团队和个人之间的关系。

运动员对战队的认识

		团队的整合	个体的吸引力
团队定向	团队	将运动队团结成一个整体，以满足社交需求（GI-S）	吸引运动队和运动队员以满足社交的需要（ATG-S）
	任务	将运动队团结成一个整体，以满足完成任务的需要（GI-T）	吸引运动队和运动队员以满足任务的需要（ATG-T）

图 7-1　运动队凝聚力概念模型

二、团队凝聚力的影响因素

（一）环境因素

环境因素是最常见和最基本的因素，主要包括运动员与团队和地方签订的合同、团队与运动员的地域性、社会对团队的支持程度。

1.契约责任

契约责任是指人们在交往活动中通过一定的承诺，明确地确定双方的权利和义务，从而为双方获得最大的约束利益。契约责任包含了自由、平等、权利等一系列规则，最大程度地体现了运动员的自由意志和利益需求，符合运动员的精神追求。因此，这些原则必须内化到运动员的契约精神中，成为团队成员的行为模式和价值取向。运动员的价值取向与团队的目标是一致的，因此合同责任的引入也能促进团队凝聚力的培养。

2.地理环境西南向

地理环境是指人类赖以生存和发展的各种地理条件的总和。这里提到的地理环境主要是指地域，也就是说团队在地理文化背景、地理物质背景等方面是一致的。在这些方面保持一致的选手和教练对团队的成功更感兴趣，他们之间会有更多的沟通，团队的凝聚力会提高。

3.社会支持系统

社会支持系统是指以良好的人际关系形式存在的社会联系。对于运动员来说，社会支持系统包括家庭成员、教练、朋友、队友、粉丝等。研究表明，在影响运动员心理健康和主观幸福感的因素中，社会支持系统是最重要的因素，如自尊、人格和社会支持系统。

（二）个人因素

1.满意度

满意度是指运动员对训练、比赛和生活的整体感受和看法，呈现出情绪色彩。运动心理学研究表明，运动员的满意度是影响运动员在训练和比赛中的积极性和流动性的重要因素。

2.个性特征

所谓人格特征就是那些在社会实践中形成的，相对稳定，具有一定倾向性的心理特征的总和，这些特征构成了一个人不同于他人的精神面貌。运动员具有相似的人格特征，这使得团队更容易在行为和意志上统一起来，建立共同的观念和需求。总之，一个团队的同质性越强，就越容易形成凝聚力。

3.个体竞技能力

竞技能力是运动员参加训练和比赛所必须具备的能力。它是运动员体能、技能、智力和心理能力的综合。运动员或运动项目只有在个人运动能力和整体运动能力都达到较高水平的情况下才能取得优异的成绩。

（三）团队因素

1.团队目标

团队目标是指一个团队试图在特定的时间内达到特定的行为标准。团队目标是整个运动队凝聚在一起的重要基础。只有团队成员认同目标，才能形成强大的战斗力，才能鼓励团队成员团结奋进。

2.团队规模

这里的团队规模主要是指团队成员的数量。在大型团队中，由于运动员所设定的目标不同，整个运动队的活动难以协调，相互之间的沟通也不多，因此运动队的凝聚力不高。

3.团队规范

运动队的规范是一种文化，在这种文化中，运动队为了实现自己的目标，对所有运动员和教练的行为施加一定的限制。它具有共性和强烈的行为规范要求，其规范是一种来自运动员和教练员外部的强制性约束，规范着每一个人。

4.团队思想文化教育

理论是行动的先导，运动员的思想教育的首要任务是帮助运动员建立正确的世界观、人生观和价值观，当前是为运动员进行优秀传统文化教育和爱国主义、集体主义教育，不断提高运动员的文化素质和政治素质理论，使意识形态和道德，政治思想和行为规范不断内化为运动员的价值观，使之成为运动员的自觉行动。

5.团队的经验

如果一个体育团队经常有成功的表现，团队总是能够根据团队目标的方向良好运行，它就会增进团队成员的信心，很容易构建团队合作精神，吸引和团结团队成员。在这样的团队中，提高凝聚力的目的是为了实现共同的目标和利益，并将个人的利益与团队的目标直接联系起来。在实践中，我们经常发现这样的团队，即使他们遭受挫折，外部压力或失败，也不失去信心或屈服。相反，他们会团结起来，决心在下次比赛中表现出色。

（四）领导因素

1.教练的决策风格

教练员领导行为的一个重要表现是决策。教练必须不断地处理信息，权衡利弊，然后做出决定。在运动训练和比赛中，教练员决策风格对运动员有很大的影响。

2.教练的激励

教练员正确运用激励机制，有助于团队目标和决策的实现。因此，教练员应不断提高运动员的激励状态。也就是说，在体育运动中，教练（或领队）应该激励运动员。因为基于价值的动机激励着运动员做出一定的努力，取得一定的成绩。成就会带来奖励，奖励会带来一定程度的满足感，并以循环的方式影响他们余生的动机。

3.教练员和运动员之间的相互容忍

教练员和运动员的可教性是指教练员和运动员之间的关系主要表现为良好的沟通和教练员对运动员的奖励行为。双方的共同容忍是决定团队成功和运动员满意度的重要因素。

4.教练与其他人员的关系

在一个运动队中，教练员与领队、教练员与教练员、教练员与其他工作人员的关系对整个运动队的发展起着非常重要的作用。教练员是运动队的领导核心，是运动队人际关系的纽带。因此，教练员要正确处理好这些关系和矛盾，这有利于提高球队的凝聚力，使之成为一支战斗力强的球队。

三、团队凝聚力的作用

高水平的团队凝聚力会产生很多好的效果，比如以下几个方面。

（一）提高运动水平

研究表明，高水平的团队凝聚力与运动表现之间存在显著的正相关关系。当参与任务凝聚力而非社会凝聚力时，当参与互动运动而非共同积极运动时，团队凝聚力与运动成绩的关系更强。互动运动是指团队成员之间相互互动的运动，如篮球和排球。电子竞技都是互动运动，这就意味着团队凝聚力高，运动表现也就高。而联合项目，如保龄球、射箭和跳水，是指运动员一起参加同一项比赛。

（二）增进队员之间的人际关系

当团队获胜时，电子竞技团队成员之间的冲突会大大减弱，彼此相处得更好。团队的胜利使个人感到满足，而团队成功完成任务目标，赢得冠军则可以促进团队的凝聚力。另一方面，如果团队不断输掉比赛，就会削弱团队的凝聚力。一个低凝聚力的团队也会因为获胜而变得有凝聚力，成为比赛中的一匹黑马。

（三）提升团队效能

团队效率是指团队作为一个整体所感受到的信心。总体信心并不是运动员信心的总和，而是远大于个人效能信念的总和。具有强大凝聚力的电竞团队往往有很高的整体信心。如果电竞团队掌握了任务氛围，会增强团队的整体信心和凝聚力；如果氛围是竞争的，团队的凝聚力和有效性就会降低。

（四）增强团队凝聚力的同质性

国内有研究指出，由于任务目标的差异，有时主导者和替补者在凝聚力同质性方面表现不一致。

CORP在电子竞技领域，在竞争激烈的氛围下，板凳往往得不到教练的关注，尤其是那些水平不高的教练。因此，运动员球员往往没有足够的信心去打好比赛。

一份关于中国女排的报道指出，中国女排教练郎平对每一位运动员都给予了同等的关注。赛前选拔赛主要队员的策略是营造“以强手为主”的竞争氛围，营造健康的比赛氛围，为每个队员提供公平的选拔机会。

因此，总的来说，在准备阶段，我们应该创造一个健康的竞争氛围，即给每个团队成员一个公平的选择机会。在电子竞技中，首先，大多数战队都没有足够的队员。他们中的大多数只有一个主要团队。其次，比赛的时间不固定，各类电竞赛事层出不穷，使得管理水平较低的俱乐部无法很好地规划准备时间，给所有的运动员足够的训练时间。希望未来的联赛制度更加合理，俱乐部的资源得到保障。

（五）减缓自我设限的破坏效应

自我设限是一种破坏性的认知行为。学习不好的人经常给自己强加限制——“我不能真正努力学习。”在电子竞技领域，人们也缺乏信心。自我限制的运动员说，他们无法完成困难的任务，并可能会给出各种理由来解释为什么他们做不到。

强凝聚力的团队可以提高运动成绩，降低自我设限的破坏性影响。

（六）加强对心理动力的认识

心理动机是指认知、情绪生理和行为方面的一种积极的或消除歧义的变化，它能导致运动成绩或比赛成绩的相应变化。在一个有凝聚力的团队中，球员之间有积极的情感交流，这使他们产生积极的协同效应。因此，一个教练需要提高团队凝聚力的两个组成部分——任务和社会。

（七）改善心境、情绪，提高满意度

强凝聚力可以提高运动员的个人满意度，有利于形成和谐的人际关系和满意的比赛结果等。这些令人愉快的因素也能改善运动员的心理状态和情绪。国外研究表明，具有较强团队凝聚力的运动员倾向于认为赛前状态焦虑有利于运动成绩；而低团队凝聚力的运动员则倾向于认为赛前状态焦虑会影响运动员的竞技表现。

第三节　电子竞技团队协作的训练

除了个人的日常训练外，教练员还应计划在三到两名队员或全队队员之间进行战术训练。群体战术是一种非常重要的联合行动方式，它使个体与个体之间产生联系，从而产生战术行为的效果。

在教练解释完团队战术后，可以分解战术的步骤，以便每个运动员可以明确他或她的活动任务、行动路线、方向等。划分的方式有很多种，可以从时间、参与者的个人行动、协调过程的结构等方面进行划分。一般情况下，同时性策略可分为协调过程结构，而时间周期策略可分为协调过程或个体行动。分解练习的方法是为最终全队的表现策略做准备。

在分解练习之后，可以开始组织战术实践，完整的早期实践的基础上，通常没有障碍和假想敌，为的是对战术形式进行展示，展示的过程中，选手进一步了解他们的职责、战术的目的，明确战术的最终结果。在训练过程中，每个运动员都要在不同的位置进行练习，以便熟悉不同位置的实际协调配合，从而达到自如的运用。

在形式可以自由展示之后，训练可以逐渐增加障碍和想象目标。在前期，可以设定一些比赛中容易出现的情况，要求选手在克服这些障碍的同时完成合作，基本达到最初设想的目标。这一阶段有助于提高选手在对抗条件下的合作能力，也提高了选手在面对障碍时的战术灵活性。在逐渐完成若干次团队战术训练课程后，可以开始适当增加难度，在不利的情况下进行合作，或者在比赛中设置一些不寻常但可能的情况。在训练中还可以逐步提高战术水平，增强选手的战术灵活性、抗压能力。

群体策略的协调机制有两个层次，在协调的两个层次上也要考虑策略。在操作和协调方面，团队战术的训练主要采用各种形式的团队战术进行练习。具体的实践方法如下：

一、分解练习法

分解练习法的目的是让运动员学习团队战术的基本步骤、基本流程和基本协调。

有各种各样的分区方法的分解练习法，可分为从协调行动时间划分，也可以从个人行动参与配合划分，还可以按照结构和秩序的协调过程进行划分。一般来说，群体策略可以根据协调过程的结构进行分类。需要强调的是，分解练习的方法并不是团队战术训练的最终练习方法，因为团队战术最终必须得到完整的体现。

二、完整无阻碍练习法

完全无障碍练习是指以一种完整、没有障碍或假设的方式进行团队战术的练习。这个练习通常是在团队战术训练的教学开始时使用，但也可以用来巩固一种基本的协调形式。由于这个方法是从头到尾对某个配合形式的完整练习，因此每个人都参必须清楚自己在配合过程中的职责、行动的目的、方式和时机，明确整个配合的最终结果，没有这些先决条件就无法达到练习的目的。同时，这种练习方法应在场上的不同位置进行，以使选手熟悉不同方向合作的特点，从而达到自由运用的目的。

三、有阻碍练习法

障碍练习是指在练习过程中有目的地设置障碍的练习。这种方法的特点是根据一般情况很容易发生的竞争，在选手的合作练习中设置一些阻碍，选手都必须在合作行动的情况下试图克服这些障碍。这种练习有助于选手逐渐适应对抗条件下完成合作的能力，也可以提高运动员的战术灵活性。

四、有对抗练习法

对抗性练习是一种通过设置对立双方来直接练习团队战术的方法。对抗的程度可以进一步分为弱对抗和强对抗。所谓弱对抗，是指在合作实践中，对方只是按照预先设定的行动方式，对合作方的合作行动进行阻止和增加困难，而没有在合作过程中进行可变的、破坏性的对抗。强烈的对抗要求对抗性加强对合作行动的破坏，要求合作方在抵抗这种破坏的前提下完成指定的合作行动。从某种意义上说，这种强烈的对抗练习有时比游戏更困难（因为对方的团队正在做有针对性的伤害，而协调团队只做对方已经知道的事情）。

这两种对抗水平适用于不同的训练阶段。弱对抗性练习是为了加强团队战术的稳定性，强对抗性练习是为了培养团队战术的可变性和队员随机变化的能力，最终达到目标。

五、比赛练习法

比赛练习法是在实战中练习团队战术的方法。由于比赛的特殊气氛，运动员会产生与平时不同的心理状态。如果在比赛情境中要求运动员完成一定的预定团队战术，运动员的心理压力就会增加。但出于实际目的，这种练习是必不可少的，因为任何团队战术在成熟之前都必须经过实践测试。

上述介绍了五种常用的策略实践，这些方法不仅可以用来训练运动员在运营目标和相互协调，也可以让玩家在熟悉彼此的过程中增进对同伴的行为特征的理解，关键在于教练员是否有意识地在这种练习过程中培养运动员相互间心理上的融洽性。然而，在一个正式团体中，总是有几个较小的非正式团体。运动员身边总是围绕着志趣相投、心理相似的人，他们经常聚在一起，彼此很了解。从中可以看出，的运动员和教练在训练中应该考虑以下问题：首先，运动员心理之间的兼容性的共存是非常重要的，这有助于提高团队效果的战术和团队成员之间的默契，从而提高整个团队的运动性能。其次，运动员心理协调能力的训练和培养并不局限于一定的形式和方法，而是可以在训练、比赛和日常生活的每时每刻、每一个细节中培养出来。第三，教练员在调节和改善运动员之间的关系方面发挥着重要作用。

综上所述，团队战术训练应在操作和心理两个层面上同时进行，以达到最佳的训练效果。行动协调是团队战术的基础，心理协调则使团队战术发展到一个新的深度和高度。因此，将两者有机地结合到训练过程中，是球队战术训练必须考察的。

第四节　心理技能训练

一、心理调适能力

（一）心理调适能力的概念

心理调适能力是运动员与训练竞赛有关的心理调适能力。人类在面对环境压力时，通过各种反应形式，以对个体或群体有利的变化来应对这种压力，使得个体或群体有更好地生存的能力，称作心理调适能力。电子竞技运动员的心理活动，在其进行电子竞技运动时起着主要的影响作用，这是电子竞技运动与传统运动最大的不同。

人的智力不仅是一种涉及认知的能力，还涉及情感，是与情感分析密切相关的能力。对情感的分析与计算能力，是青少年智力活动的重要组成部分，称作情绪智力。情绪智力与传统智力在本质上是一脉相承的。不同之处在于，传统智力处理的是情境中与客体有关的信息，而情绪智力处理的是情境中个体产生的情绪。情绪智力带有的情感成分能够使其更合理地处理智力活动中的情绪、情感信息，帮助电子竞技运动员更好地学习，发展自身智能。

电子竞技运动员的心理调适能力本质在于提高情绪智力，它会增强电子竞技运动员面对训练和比赛的环境压力时的调节和应变能力。

（二）心理调适能力的作用

1.不断实现自我

成长为优秀电子竞技运动员其实也需要长年累月的刻苦努力。他们并不是只需要练习几个月依靠天赋就可以成为优秀电子竞技运动员，至少需要3—4年坚持不懈的努力。他们通过不断实现自我去达到一个个的小目标，小目标逐渐累积，最终完成总目标。具有努力不断实现自我的强大动力是优秀电子竞技运动员高情绪智力的表现，高情绪智力电子竞技运动员能够充分认识现实中的自我，也能够充分发挥自己的能力及潜力；在实现自我的过程中，通过各种方法与途径专心致志地增强自己吃苦耐劳、自强不息、不断战胜自我的精神。

2.调节情绪

调节情绪是情绪智力的一个重要功能。在调节情绪之前，要先识别自身情绪，这个功能被称为情绪自我意识，它是情绪控制能力的基础，其能力越　越能准确地察觉到自己内心活动的变化，越容易分辨出情绪的好坏，进而调整自己的心态促使自己内心活动朝着积极的方向发展。在训练活动中，高情绪智力电子竞技运动员会与教练配合默契，全力投入训练之中，提高训练效果。运动员情绪自我意识能力强，能驾驭自己成为情绪的主人，正确地意识自己情绪的变化，有利于很好地控制情绪。

3.建立良好的人际关系

高情绪智力电子竞技运动员拥有良好的社交能力，其实这很好理解，因为高情绪智力不仅可以识别自身的情绪，也可以识别他人的情绪，如果在社交时注意并照顾他人情绪，就可以拥有良好的人际关系。电子竞技运动员的生活是以训练和比赛为主的群体生活，他们之间相互影响，但是高情绪智力的运动员善于与不同个体的人建立良好关系，不仅能增进相互间的感情与友谊，而且更有利于锻炼自己的情感控制能力。电子竞技运动员社交能力差，就容易被群体孤立，这种运动员容易孤独忧郁，往往会以感情代替理智，将直接影响训练和比赛。运动员情绪智力高，还表现在尊重教练，善于倾听别人意见与建议，容易取得进步。

二、自信培养

电子竞技运动员的自信程度关系着他们的竞技水平的发挥程度，运动员不自信时就容易紧张，紧张的情绪会影响运动员的感知、记忆、思维等认知活动，而这些认知活动正是电子竞技运动员竞技能力的组织基础。所以，在电子竞技运动训练中，必须培养运动员的自信。

下面，我们将介绍一种理论来帮助我们培养运动员的自信——班杜拉的自我效能理论。

（一）自我效能理论的影响

社会学习理论的创始人班杜拉（AlbertBandura）从社会学习的观点出发，在1977年提出了自我效能理论，用以解释在特殊情景下动机产生的原因。

自我效能感是个体在行动前对自身完成该活动有效性的一种主观评估，这种预先的估计对后续的行为会多方面地发生影响。

1.影响人对行为的选择

当个体面对一个新的任务时，他首先会对该任务的价值进行估计。确定是有价值的任务才会有下一步行动，那么是不是任何有价值的行为个体都会采取行动呢？这还会有另一个选择过程。当个体对自己完成该任务的能力评价很低时，他可能不会采取行动或者选择一个较容易的目标。例如，当《CS：GO》某一局只剩下一名反恐精英和一名匪徒时，匪徒埋下定时炸弹，这名操作反恐精英的运动员如果预估自己不能战胜匪徒，就会选择保枪。保枪固然是最稳妥最容易的残局处理方式，但是从两方整体经济上来看，这个举措仍然让队伍整体处于不利的局面。

自我效能感不仅影响到个体目标的选择，还会影响到个体的行为方式。我们在做事情时都会选择一种最有成功可能性的方式。在生活中，人都有自己做事情的方式，而且很难改变，原因之一可能是由于熟悉的行为方式最具有自我效能感。在行动的过程中，人会根据行为结果的反馈，相应地改变自我效能感，从而不断地调整自己的行为目标与行为方式。

2.影响面对困难时的行为

在行动的过程中，总会遇到困难，自我效能感会影响到人克服困难的毅力和决心，影响人的行为的坚持性。与此相关的一个很好的例子就是习得性无助。习得性无助的概念最早是由动物学习理论家塞利格曼等人提出的。他们研究发现，当动物（狗、白鼠等）被置于难以逃避的电击区域时，起初它们试图逃避，但经过一段时间的尝试，发现都无法取得成功后，它们的反应明显变消极了，再次把它们放入相似的环境，它们便会放弃努力，虽然在新的情景下只要稍作努力就可以逃脱，这种现象就称之为习得性无助。不仅动物，人也会形成习得性无助，一旦形成习得性无助，再次遇到相似的情况，便会放弃努力。分析其作用机制可以发现，只有当人把失败归结为不可控制的因素时，才会形成这种无助感。而不可控制的原因意味着自我效能感的低下。这个经典的实验很好地证明了自我效能感低的人更容易放弃努力。一个电子竞技运动员如果认为自己没有枪法上的天赋，对射击项目的自我效能感很低时，便很容易向困难屈服；而自我效能感高的电子竞技运动员，就会想出各种办法去解决问题，而不会轻易放弃。高自我效能感者所付出的努力与任务难度成正比，低自我效能感者则相反。

3.影响人的情绪状态

当我们认为做某件事成功的可能性很大时，往往会有一个乐观积极的心态，情绪饱满，主动性也更高。能力与兴趣是可以相互影响的，在某一方面能力强的人，往往也会表现出更大的兴趣，在这方面表现得很突出。电子竞技运动员对某一电子竞技运动项目感兴趣，很大的可能性是因为在这一电子竞技运动项目上取得了很好的成绩；而兴趣又可以使人更加投入，获得更好的成绩，从而促进能力的增长。这便形成了一个良性循环。与此相似，自我效能感高的人，会更有兴趣从事某一活动。在行动的过程中他们会更加主动地去寻找解决问题的方式，对外界的信息会更加积极地进行加工，从而更有可能获得好的结果，好的结果又能起到强化作用，提高个体的自我效能感。高自我效能感的人在解决问题之前，往往会从积极的方面去考虑问题，形成正向预期；遇到问题时，也会以一个乐观的心态看待它，较少产生焦虑。

总之，自我效能不仅仅会影响运动员选择电子竞技运动项目，还会影响他们对待训练的困难和电子竞技运动中的情绪与行为。

（二）培养自我效能的基本因素

班杜拉提出了培养自我效能的三个有效基本因素，这些因素对于理解如何培养运动员的自我效能和自信心非常重要。

1.成功的表现

为了培养自我效能，电子竞技运动员必须具有成功的体验。如果一开始就把任务目标设置特别高，这可能是一个不现实的训练任务，因此教练或者教师必须通过降低任务难度来确保电子竞技运动员体验到成功。在FPS类电子竞技运动员的培养过程中，短时间内让他的爆头率从20%提高50%是很难的，我们可以把训练目标分成35%和50%两个阶段，鼓励运动员先达到35%这一阶段。电子竞技运动员体验到了成功，便会产生继续努力的斗志和信心。

2.替代性经验

替代性经验是指个体通过观察能力水平相当者的活动，获得的对自己能力的一种间接评估。它是一种间接经验。它使观察者相信，当自己处于类似的活动情境时，也能获得同样的成就水平。新手电子竞技运动员能够通过示范来获得成功的体验，这也称作观察学习。在学习一项新的技能时，学习者需要一个示范来模仿，这个示范可以是指导者、有经验的队友或者优秀的视频。

3.言语说服

言语说服是指通过他人的指导、建议、解释及鼓励等来改变人们的自我效能感。在电子竞技运动领域中，言语说服通常来自教练、父母或者同伴的鼓励。当个体总能获得外界的关心和支持时，他的自我效能感就会增强。人们对自身能力的知觉在很大程度上受周围人评价的影响，尤其当评价来自有威信或对个体来说比较重要的人。班杜拉认为对个体的“无条件的积极关注”会增强个体的自我效能感。但是如果说服者的言语劝导与个体的实际能力不相一致时，一开始可能会增强个体的自我效能感，但经过验证后，反而会加剧降低个体的自我效能感。因此，教练应当重视鼓励的作用，但同时保持客观的评判。

通过上述三种基本因素，我们可以培养电子竞技运动员的自我效能与自信心。

（三）自我效能理论的扩展

1.成就目标定向

尼科尔斯和杜达的成就目标理论是对班杜拉的自我效能理论的一种合理扩展，成就目标理论是众多动机理论中，最直接用于解释教育情境中的个体行为并指导教育实践活动的一种理论。

尼科尔斯提出了两种目标定向，即任务定向和自我定向。这两种定向之所以被称作目标定向，是因为它们都是对个人成就为目标的定向成长。任务定向的目标是对某种特定技能的掌握。对于任务定向的个体来说，能力知觉是从一个时间点到下一个时间点知觉进步的函数（运动员对于自己的能力判断，我们称之为能力知觉）。任务定向的运动员如果今天的运动表现或任务完成得比前一周好，就会认为自己具有较强的能力。任务定向的个体将继续为掌握他正在从事的技能而努力，并且享受这么做带来的自我效能与自信心。

但是，并不是每个人都具有任务定向的特征。有些时候，我们会意识到与别人比较的后果。我们把与别人比较的心理过程，称为社会比较。当我们开始进行社会比较时，我们就采取了一种不同的目标定向方式。这时我们不再满足于单单获取技能的掌握和个人进步。我们还必须展示出我们能比其他人的表现得更好。对于自我定向的个人来说，能力知觉被作为一个比别人优秀程度的函数来测量，不再是自我提高程度的函数。自我定向的个体能力知觉和自信紧紧地与怎样和别人进行比较联系在一起，而不是与技能的客观提高联系在一起。研究还发现，自我定向和任务定向是相互独立的，就成绩、满足感和愉快而言，最好是运动员本身的任务定向和自我定向都很高。

2.教练掌握团队的动机气氛

比起确定一名电子竞技运动员是任务定向还是自我定向，更重要的是确定该运动员所处团队的动机气氛。教练的行为对于运动员的心理和行为有着重要的影响。教练可以控制团队的动机气氛，比如提倡任务定向或者自我定向的气氛。一个强调社会比较的自我定向学习环境，对于一个能力不高的青少年而言是非常有害的。而对于一个能力较强的青少年而言，在任何一个环境中都能茁壮成长。

在鼓励运动员关注自身成长掌握技能的环境中，电子竞技运动员可以更加积极地训练，容易取得进步，团队的气氛可以更融洽，有助于合作和互相学习。而在鼓励竞争、与他人比较的动机气氛中，惩罚更可能成为教练的手段，只有能力强的电子竞技运动员才可能得到更多的关注和认可。

在鼓励竞争和比较的环境下，运动员会感觉到压力，可能会在短期内取得一些进步，但是会降低对电子竞技运动本身的兴趣，躲避惩罚会成为他们努力训练的动机。一旦这种外部动机减弱，他们就会放松，这尤其容易发生在能力较低的运动员身上。

一名电子竞技运动员如果具有较低的能力感，那么较高的自我定向气氛对其是不可取的；如果具有较高的能力感和任务定向，那么自我定向气氛并非完全不可取。一个高自我定向的运动员在竞争气氛中应该比高任务定向的运动员表现得更好，一个高任务定向的运动员在任务定向气氛中应该比高自我定向的运动员表现得好。在青少年训练阶段，目标定向的指导意义在于使运动员关注自己的成长，学会自我成长，而不是更关注别人的成功或者失误。

三、表象训练

表象的概念表象是在大脑中运用人的感官知觉对某种经历进行创造和再创造，或是大脑中的视觉形象。这一概念包括以下几个含义：1.在没有外部刺激的情况下可以在大脑中创造出表象；2.表象可能要运用一种或多种身体感官；3.表象是由储存于感觉记忆、工作记忆或长时间记忆中的信息创造出来的。

大脑无法辨别一种实际物体与它的清晰表象间的区别。例如，梦中的场景十分真实、活灵活现，以至于那一刻我们以为是真的。因此，大脑可以利用想象来对重要的运动结果和技能提供强大的重复、阐释、强化以及保持功能。

我们不知道生动的视觉表象是如何建立在大脑中的，但科学家们推测，我们的“心灵的眼睛”看事物时动用了与我们用肉眼看事物时相同的大脑电路。例如，病人MX由于血管外科手术的一种副作用，大脑丧失视觉表象的能力。虽然在他的大脑里已不能形成表象了，但他观看实物目标的能力仍在，并能够对看不到的物体和场景进行描述。齐默认为，副作用并没有破坏病人识别脑区或其他视觉信息的能力，但它破坏了一个负责创建表象的必需的大脑脑区。视觉表象与这一脑区环路协调工作，人才能够用肉眼看到东西。然而，在大脑的某一特定区域负责让我们的“心灵的眼睛”看到事物，当这一脑区因破坏而受损，表象能力就丧失了。

（二）表象的作用

1.促进学习

我们可以把表象当作一种心理练习或者内隐学习，当心理练习和实际活动结合使用时，可以有效地提高运动成绩。电子竞技运动员的技术越好，经验越丰富，就越能从心理练习中获益。

内隐学习是指在不知不觉中获得某种知识，学习某种规则。它具有自动性、抽象性、理解性、抗干扰性以及高选择力、高潜力、高效性的特征。如果将内隐学习融入教学中，那么这些特征必然会在教学效果上有所体现。近些年来，内隐学习的应用研究除了在教育领域引起广泛关注外，在运动领域也大放异彩，从最初健忘症的实验，到后期内隐学习在篮球、乒乓球、武术等项目的应用研究，都证明了内隐学习对运动技能的有效影响。具体影响如下：

（1）内隐学习可以帮助学生形成正确规范的动作表象，建立正确的动作概念。通过系统的暗示教学、多媒体图示、教材反馈与矫正、讨论分析、观看训练等教学手段，并与传统教学手段相结合，构成了一种新的教学方法，把它称为“内隐教学法”。根据动作技能的形成规律，将多媒体静、动态图示以及语言、表情、自我暗示、转换环境等教学手段分阶段实施，系统地将内隐学习融入传统教学中。

（2）内隐学习有利于学生形成动作规范性。内隐学习的过程是一种以意念为先导的主动心理过程。人脑通过提取记忆中的最佳印象，主动用意念反复模仿印象的动作过程，使以前建立的神经反射通路得以强化。采用内隐外显结合的教学方法，通过“多媒体图示教材”将清晰、规范化的动作动态地呈现在学生面前，通过完整、分解、回放等形式，帮助学生理解掌握技术动作结构，建立正确的动作表象。在练习中，采用表情、语言、自我暗示、转换环境等辅助手段，不断向学生灌输正确清晰的动作表象，使正确的技术动作像影子一样在大脑里来回闪现，弥补传统教学法中教师示范的不足。

（3）内隐学习能提高学生的运动兴趣、运动动机、运动智力。内隐学习通过变换环境、语言、动作、表情暗示等形式颠覆了技术课在学生心中“你教我学”的传统形象，使学生对新事物产生了好奇，同时内隐学习重在激发学生的主动学习能力，学生通过自我感知体会，逐步学会技术动作，都是自己努力的结果，教师只是起到辅助启发的作用。学生在学习中慢慢体会到成就感，逐渐提高了学习的主动性，培养了学习兴趣。此外，内隐学习还有助于运动员技、战术水平的发挥。根据学生在训练赛中的表现发现，赛前进行成功的、正确的动作表象，不仅能使运动员进行充分的能量动员，还能使运动员克服自卑心理，充满必胜信心，进而达到比赛的最佳竞技状态，保证技战术水平的正常发挥，取得优异运动成绩。内隐学习可以激发学生的主动学习，通过教师表情、自我鼓励等方式增强学生的自信心，进而提高运动动机。另外，运动兴趣的提高也在一定程度上影响了学生的运动动机。

2.防止技能衰退

在电子竞技运动中，很多技能都需要程序性记忆。程序性记忆，是一种惯性记忆，也是非陈述性记忆，又称技能记忆，是指对如何做事情的记忆，包括对知觉技能、认知技能、运动技能的记忆，以及操作虚拟英雄的技能顺序和速度、枪法的使用等都可以归类为程序性记忆，而程序性记忆是一种内隐记忆。

在一份关于表象与内隐记忆的研究报告中指出，表象能同时提高外显记忆与内隐记忆的成绩，尤其是内隐记忆的成绩。除了增强内隐记忆的功能，表象还可以增强手指的肌肉记忆。在传统运动领域，表象训练可有效地维持肌肉工作的速度、力量和稳定性水平，或减缓其消退的过程。其机制主要是表象训练可在运动员被迫中止抗阻练习时，继续改善神经肌肉系统的兴奋性、兴奋传递速度、兴奋集中度和准确性，以及兴奋—抑制的转换能力。

电子竞技运动员需要学习电子竞技运动项目的各种知识和技能，不仅需要记忆，还需要手指的速度、灵活和准确性。基于合理的推测，通过表象训练，可以有效地防止电子竞技运动员的技能衰退。

3.预防运动焦虑

比赛的节奏、对手的实力等诸多因素都会使电子竞技运动员紧张、焦虑。运用表象训练预防运动焦虑的主要方法如下：

（1）应激预防训练（SIT）

它是一系列技术、过程的组合，包括信息给予、苏格拉底式讨论、认知重组、问题解决、放松训练、行为复述、自我监控、自我指导、自我强化和改变环境情境。SIT的关键是让电子竞技运动员逐步接触压力越来越大的情境，来抵御越来越强的情境压力造成的过度应激。应激预防训练有三个阶段：①概念形成阶段；②技能获得阶段（放松、表象、解决问题、认知重构）；③通过简单可控的步骤预防应激。

在第一阶段，教练应该把重点放在与运动员建立一种协作的关系上，从而帮助运动员更好地理解应激的本质及其对情绪和行为的影响。在第二阶段，教练指导运动员学习渐进式放松、表象训练和问题解决（专项训练的技巧）等。在第三阶段，教练教给运动员一些处理应激的方法，然后让运动员表象从放松状态下应对逐步增大的应激；同时，教练可以检查运动员的困难（在某些情境下运动员因为一些个性化因素确实很难处理好应激），指导运动员解决困难，并让运动员重新进行表象（或者评价）并检查自己的问题。

（2）应激管理训练（SMT）

它是史密斯研制的一种认知行为干预程序。这种训练和SIT一样，也包含放松训练、表象等其他认知过程，也分为三个阶段。但是两者的区别在于，SIT更强调逐渐增大应激的管理和适应训练，SMT则通过表象较高的应激情景来练习管理应激。应激管理训练分为三个阶段：①概念形成阶段；②技能获得阶段（放松、表象、解决问题、认知重构）；③练习控制强烈的情绪应激反应。研究证明，直接表象较强烈的运动情景也可以帮助运动员的成绩提高。

教练在实施上述两种方法时，指导运动员放松身体，可以使他们更好地集中于表象。

（三）表象训练的相关方法

1.表象训练法

表象训练法是指电子竞技运动员有意识地、积极地利用头脑中已经形成的游戏表象或充分利用想象进行训练的方法。

表象训练对技战术训练作用显著。例如，在练习之前通过对技术要领方法的想象，在大脑皮层中留下技术“痕迹”，然后在练习中把这些痕迹激活，可使动作完成得更加正确、顺利。又如，在练习之后，对刚刚完成的练习进行技术“回忆”，使正确操作动作在脑海里更加巩固。假如动作中出现错误，在回忆中伴随着对错误动作的“纠正”，与正确技术进行对比，可以使其得到“克服”，避免下次练习再次出现。

表象训练法的注意事项如下：

（1）在进行冥思练习时，一定要产生一种思维运动效果，要有意识地发展思维。

（2）使冥思练习与各种操作动作感觉结合起来，把头脑中的想象变成能够运动和变化的。

（3）注意力高度集中的闭目练习常可收到良好效果。

（4）从某种意义上讲，自我暗示也有助于表象训练，比赛前进行表象训练，一方面可以想象完美完成动作的过程，另一方面可以用自我暗示进行自我动员与激励，取得技术想象与心理调控的双重效果。

（5）平时意念训练可在暗室间里进行，最好在一个舒适地方坐着或躺着进行。

2.诱导训练法

对于教练来说，可以使用诱导训练法，帮助运动员进行心理练习。诱导训练法是指在训练中采用有效刺激物把电子竞技运动员的心理状态引导到某一个事物或方向上去的训练方法，可为顺利完成训练与比赛任务建立良好的心理状态。

从广义上讲，表象训练法也可以被视为一种自我诱导方法。与表象训练法相比，诱导训练法的不同之处在于，电子竞技运动员训练时是通过教练、心理学专家等他人的诱导，或用录像带等外界刺激来完成的。表象训练法的诱导者是运动员自己，诱导训练的诱导者则是教练。

诱导的途径是多样的。诱导者常常发出语言信号，由电子竞技运动员的听觉器官接收信息，并按预定要求去实施。鼓励与批评、说服与疏导、启发与幽默都是语言诱导的常用手段。诱导者也可以通过做示范、展示图片、放录像和电视，把诱导信息传递给运动员，经由运动员的视觉器官接收信息，并按预定要求去实施。

诱导训练法的注意事项如下：

（1）所采用的诱导手段应是运动员感兴趣的，能引起运动员注意力转移的。

（2）诱导者是教练、心理学家，也可是同伴，但均应是运动员愿意接受的。

（3）应从诱导的目的、手段、信息传递方式及结果等多方面计划安排诱导训练。

四、冥想训练

（一）冥想的概念

冥想（meditation）的概念最早起源于印度的《吠陀经》，其种类很多，诸如正念冥想、瑜伽冥想，还有我国的气功冥想。

在运动心理学领域，冥想可以作为一种放松方式，也可以增 注意稳定性和觉知程度。在临床医学中，冥想又可以作为一种补充和代替疗法。目前已有大量研究支持多种冥想训练对于心血管疾病、神经系统疾病、精神系统疾病、失眠等疾病的缓解作用，其作为减轻压力、调节情绪、缓解疼痛的一种替代疗法在很多临床机构中被广泛采用。

（二）冥想的作用

1.促进大脑功能开发

近年来关于冥想的磁共振研究逐渐增多，它们分别从功能和结构的角度探讨了冥想的脑机制。其中，脑功能的研究发现冥想和特定脑区（如前额叶、扣带回等）的激活模式的变化有关。脑结构的研究发现，冥想与注意、学习、记忆和情绪等相关脑区（脑岛、海马、扣带回、前额叶等）皮层厚度或灰质密度变化有关。基于FMRI或MRI技术的研究表明冥想可使前扣带回、顶颞连接部、小脑区域脑灰质密度增加，大脑皮层增厚，产生变化的区域与学习、情感、记忆相关。Fox等采用系统回顾和meta分析法研究得出，冥想练习者大脑的八个区域会持续发生改变，包括大脑皮质额侧（与元认知相关）、感觉皮质（与感觉和本体感知相关）、海马

（与记忆强化和整理有关）、前部及中部扣带回和眶额皮质（与情感调节有关）、上纵束和胼胝体（与大脑半球间及内部联系有关）。这些改变部位体现了冥想对练习者产生一系列正面功效的原因和机制。

2.提高注意力和记忆能力

冥想有助于提高注意力，而注意力又可以提高智力中的其他因素，包括观察力、记忆力、思维等。注意力是电子竞技运动员最重要的一项能力之一，能够让大脑的运作更加流畅。例如，某次研究中，对参加美国研究生入学考试的学生调查，发现他们经过冥想课程训练之后，词汇部分考试成绩从460分提高至520分。

电子竞技运动项目中，有太多技巧、武器装备用途、战术需要运动员去记忆。在激烈的赛场上，电子竞技运动员需要从记忆中提取到适应的技术、战术来克制敌人的技术和战术。如果没有强大的记忆能力，没有充足的记忆库，就只能用最顺手的战术和技术迎敌，但是最顺手的技术和战术，也是被敌人研究最多的内容，很容易遭到敌人的克制。

3.使心境平和

姜镇英在一项研究报告中指出，美国游泳运动队员在进行冥想训练之后，心境量表（POMS）也发生变化：实验组被试在POMS整体心态全量表上的得分较控制组有显著的降低。这表明冥想对于运动员的心情也是具有有利的影响的。当我们拥有良好的心境时，冥想还可以帮助我们的大脑进入到α波状态，当人们的大脑频率处于α波时，人的意识清醒，身体放松，意识与潜意识之间产生“桥梁”。在这种状态下，身心能量耗费最少，脑部获得的能量较高，思维更加快速、顺畅、敏锐　α波被认为是人们学习与思考的最佳脑电波状态。

（三）冥想的方法

在冥想练习时，人们常常通过对呼吸、声音、画面、词句或其他固定对象的持续注意，培养一种对此时此刻不作判断的、有意识的特殊注意状态。冥想都包括以下三个阶段：①身体放松；②调节呼吸；③注意聚焦。它不仅强调认知的或心理的放松，也强调身体方面的放松。在冥想中，可采用仰卧或坐姿。

在冥想过程中，可能会出现注意力分散，这是初学者经常遇到的问题，但这不代表技术不正确。一旦出现分心，只需将注意力重新调整到呼吸、画面、声音等对象上去。我们需要持续注意我们的冥想对象。在运动训练后作为一种放松技术来应用冥想，可以放松身体和减少心理焦虑。

在冥想训练中还要注意的是呼吸方法。在冥想时，我们应该以腹式呼吸为主，这种呼吸方式又称丹田呼吸法。腹式呼吸以膈肌运动为主，吸气时胸廓的上、下径增大。正常的腹式呼吸一次约10—15秒，能吸入约500毫升空气。腹式呼吸时，横膈肌会下降，腹压增加，感觉好像是空气直接进入腹部，这时若把手放在肚脐上，会感觉手上下微微抬放。

吸气时，采取仰卧或舒适的坐姿，可以把一只手放在腹部肚脐处，放松全身，先自然呼吸，然后吸气，最大限度地向外扩张腹部，使腹部鼓起，胸部保持不动。

呼气时，腹部自然凹进，向　朝脊柱方向收，胸部保持不动。最大限度地向内收缩腹部，把所有废气从肺部呼出去，这样做时，横膈膜自然而然地升起。循环往复，保持每一次呼吸的节奏一致，细心体会腹部的一起一落。

五、心理现象及其克服方法

（一）过度紧张心理及其克服方法

过度紧张是由于电子竞技运动员对环境的评价不确定所造成的，如陌生的比赛场地、陌生的对手等，这种不确定分为两种，一种是未知的、未体验过的，另外一种是错误的高估。

根据倒U理论，每项任务都有一个最佳的唤醒水平，未达到或超过这个最佳点，活动效率（成绩）即会下降，成绩与唤醒水平之间呈倒U形曲线关系：当唤醒水平由低向上变化时，运动成绩会有所提高，直至达到最佳唤醒水平；而当唤醒水平进一步提高，运动成绩则会下降。掌握运动技能的过程遵循这一规律，每种运动技能都有其取得最佳成绩的最佳唤醒水平。不同运动项目或同一运动项目中不同的运动技能均有不同的最佳唤醒水平。该理论假设在实际情境中无预测效度，有一定局限性。

过度紧张会使电子竞技运动员很难集中注意力，难以捕捉场上信息，有时也不能听进去场上指挥的命令或是教练的战术安排，这都必然会影响到其运动表现。造成电子竞技运动员过度紧张的原因有很多，如睡眠不足、赛前压力过大、对成绩期望过高。

过度紧张心理的克服方法如下：

第一步，降低紧张程度。我们可以通过上一节所讲的冥想训练进行放松练习，这种冥想放松法是让电子竞技运动员想象轻松与舒适的情景，调整呼吸节奏，使整个身体逐步进入放松的状态。在这个过程中，可以加入心理暗示的方法，如“脚部放松”“腿放松”“小腹放松”“躯干放松”“手和双臂放松”“头部放松”，使身体逐步放松。另外，可以配合音乐，轻柔的音乐可以使大脑紧绷的神经得到舒缓。

第二步，把紧张情绪调到适当的程度。当身体放松之后，电子竞技运动员就可以去想象比赛的实际场景，并对比赛情景产生压力抵抗作用。紧张的主要原因是不能对比赛或者训练产生正确的评价。因此，要尽可能想象比赛中可能遇到的情景，可以去想象一些特定的技术动作情景、战术运用情景等等，在这些比赛情景中，尽可能想象利用自己平时的优势特点去对抗不确定的比赛因素。

（二）胆怯心理及其克服方法

胆怯心理是电子竞技运动员不自信的表现，也有可能是由经历了相似的失败情景而产生的。教练在整个培训计划中一定要注重对于电子竞技运动员的自信心的培养，防止重大比赛前的胆怯。但有时可以通过小型的比赛来让电子竞技运动员学会自己处理胆怯。

对于多数刚参加职业电子竞技的运动员来说，不熟悉的队友、对手、教练等都会让他们产生紧张胆怯的心理，他们经历过一段时间，参加过几次比赛，心理素质就会有明显提升。但是，有些电子竞技运动员就无法克服胆怯心理，他们需要辅导。从心理学的角度分析，他们的胆怯可能是由于年幼时期的影响，例如，老师让他们站起来回答问题，答错时被同学嘲笑。这种深层次的辅导就需要非常有经验的教练或者心理医生来指导这种电子竞技运动员走出胆怯的困境。

胆怯心理对于电子竞技运动员的影响是致命的，因为电子竞技运动几乎是纯粹的心理活动。胆怯心理的克服方法的第一步是自我评价，客观地分析优劣势，暗示自己“即便是水平不如对手，也不需要恐惧，只需要尽自己最大的努力”。第二步与过度紧张心理的克服方法第二步相对。

（三）消极情绪及其克服方法

消极情绪是恐惧、紧张过度和情绪失控造成的，表现特征包括心跳加快、呼吸困难、四肢无力等，并会导致智能下降、知觉迟钝、行为刻板、对比赛失去信心。消极情绪可能是情绪失控的结果，表现在对队友、教练的不信任，以及团队气氛低落等。

情绪消极的克服方法如下：

第一，转移引起电子竞技运动员情绪消极的诱因，从而减缓和排除消极情绪。这里需要教练去分别询问引起电子竞技运动员消极原因。

第二，分析原因，如果是紧张、恐惧造成，则可以参考克服过度紧张心理和胆怯心理的方法。如果是情绪方面的问题，则需要激励辅导。

第三，激励辅导，教练应根据运动员个性需求，把消极情绪转化为积极情绪。

对于个性强的选手，可以使用激将法；对于个性较弱的选手，要善于正向激励。对于情绪消极的电子竞技运动员来说，教练需要指导“即便是比赛不利，你认为团队氛围不好，但是你可以把整场比赛当做你自己的舞台，尽量信任你的队友，信任我”“无论比赛的结果如何，如果你不能努力表现自己，努力和队友配合，表现结果很差，以这样糟糕的状态都是无法进入更优秀的队伍的”。

（四）激动情绪及其克服方法

激动情绪也是一种紧张心理的表现，它引起运动员大脑皮层抑制程度减弱，兴奋程度升高，致使大脑皮层下中枢和植物神经系统调节作用减弱。

激动情绪的克服方法如下：

电子竞技运动员产生激动情绪与个人因素有关的。个性较强电子竞技运动员在赛前容易激动，应加强自我情绪调节能力的训练，并灌输对于比赛的正确认识。

（五）淡漠心理及其克服方法

淡漠状态则是倒U理论中电子竞技运动员的唤醒水平处于最低点，此时，电子竞技运动员大脑皮质的兴奋水平下降，表现为情绪低落、意志消沉、精神萎靡、知觉、注意力强度减弱、反应迟钝，进而对比赛缺乏信心。

心理淡漠的克服方法如下：

第一步，帮助运动员激发恢复对电子竞技运动的爱好和向往，增强克服困难、摆脱低潮的勇气和信心。寻找到比赛动机，端正对比赛的正确态度。比赛动机是来源于参与电子竞技运动的动机，因此，我们需要帮助电子竞技运动员回忆参与电子竞技运动的动机，并加强该动机。

第二步，帮助电子竞技运动员客观分析比赛的情况，使他们正确认识优劣势，并且应制定合理的战术安排，使运动员增强比赛信心。

第三步，在赛前训练中，逐步提升训练难度，使电子竞技运动员找到战胜困难的自信。

（六）盲目自信及其克服方法

盲目自信是由于对于比赛客观分析的缺乏。在辅导盲目自信的电子竞技运动员时，教练需要注意平时的辅导。

电子竞技运动员过高地估计自己或本队的力量时，会不认真分析与研究比赛的对策、思维迟钝、注意力分散。如果在比赛中突然遭遇不利的情况，很可能就出现节节败退的情景。

盲目自信的克服方法如下：

第一步，电子竞技运动员应认真对待每一次比赛，学会辩证地思考问题。因为盲目自信不仅会影响比赛，还会影响训练。

第二步，电子竞技运动员应制定合理的目标，转移对敌我实力衡量的注意力，让目标成为电子竞技运动员注意的点，设立的目标要具有客观合理性。

六、电子竞技运动智能及其训练

（一）电子竞技运动智能的概念和作用

电子竞技运动智能是指电子竞技运动员以一般智能为基础，是电子竞技运动员整体竞技能力的主要组成部分，其中包括电子竞技运动经验、逻辑思考能力、想象力、注意力、记忆力等。

电子竞技运动智能的作用如下：

（1）具有较高运动智能的电子竞技选手，对于各项电子竞技游戏的本质和规律有着较为深刻的理解。他们对于训练理论和方法也更能准确地认识，能够以自觉的行为配合教练高质量地完成预定的训练计划，从而使得提高他们整体竞技能力。

（2）具有较高运动智能的电子竞技选手，他们的学习能力较强，能够正确地理解先进的合理的技战术、心理技术。因而，在综合表现上，他们能够快速地掌握先进的技术，能够灵活地运用合理的战术，还能够快速调节心理状态。

（二）电子竞技运动智能训练方法

1.一般智力的训练

电子竞技运动智能的提高是以一般智力为基础的，因此，我们需要提高影响智力的各个因素，如提高电子竞技运动员的观察力、注意力、记忆力、思维力和想象力。

（1）观察力训练

观察力是电子竞技运动中一个主要的能力。观察力分为两层，第一层是事物现象地入微观察，有时对手只露出一点点，如草丛旁转瞬即逝的身影、露出一只手、一小部分头盔、枪管，就需要立即观察到，以便快速进行反应；第二层是深入地观察事物的本质，透过现象发现本质，比如是否能第一时间看出来敌人的引诱动作。这种观察力往往与经验和知识有关系，我们可以称它为穿透信息的能力。

观察力的训练应从身边的事物着手。我们首先要练习第一层观察力，这一层分为两类练习，一种是静态练习，一种是动态练习。

静态练习即观察静态事物，练习的目的在于发现常人不易观察的点。比如，电子竞技运动员进入训练室，在门口的时候向里观察，各个队员的桌面上都有什么东西，然后选择一样物品，努力去看该物品的细节，例如鼠标上的字母、LOGO等。之后，闭上眼或者转身将视线离开物品，努力去回忆那些观察到的细节，越详细越好。等熟练之后，就可以观察更加复杂的画面，重复这个动作。

动态练习即观察动态事物，这种能力也称动态视力。通常可以借助游戏练习动态视力，如贪吃蛇、弹幕游戏；也可以在日常生活中练习，如观察速度很快的汽车上的牌照号码。

观察力的第二层训练需要思维能力的支持，思维能力的提升有助于发现事物的本质。

（2）注意力训练

舒尔特方格练习法是在一张方形卡片上画上1cm × 1cm的25个方格，格子内任意填写上阿拉伯数字1—25等共25个数字。训练时，要求运动员用手指按1—25的顺序依次指出其位置，同时诵读出声，教练在一旁记录所用时间。数完25个数字所用时间越短，注意力水平越高。

13—17岁，所用时间在16秒以内为良好；18岁及以上所用时间在8秒以内为良好。舒尔特方格培养注意力、分配、控制能力，拓展视幅，加快视频；提高视觉的稳定性、辨别力、定向搜索能力。

（3）记忆力训练

记忆力的训练方法很多，下面主要介绍两种：

理解记忆法。理解是通过利用现有的知识在事物与事物之间建立起一种逻辑联系。理解记忆是以对学习内容的理解为前提的。这种理解，主要是指掌握了所要学习的技战术，特别是它们之间的逻辑联系，以及它们与电子竞技运动员所熟知的知识之间的联系。

联想记忆法。这是通过事物之间的相互关系，由此事物联想到彼事物的记忆方法。

我们可以在理解的基础之上，把所需要的记忆的知识或者技巧，与我们的电子竞技运动项目相结合。充分理解教练所教的技术和战术，使用大脑去想象相关的情景运用，这样就可以使电子竞技运动员更好地记住技战术的知识要点。

（4）思维力训练

学习思维方法，学会辩证思维，辩证思维是反映和符合客观事物辩证发展过程及其规律性的思维。辩证思维的特点是从对象的内在矛盾的运动变化中，从其各个方面的相互联系中进行考察，以便从整体上、本质上完整地认识对象。

讨论理解对象，运动员相互交流，相互促进。

训练演示，教练可以就某一个战术，让一个运动员去回答他对战术的原理以及变化规律的理解，把具体的战术变化过程抽象用语言概括。

此外，可通过对比赛录像进行思维训练，对战术和比赛形势进行逻辑分析来发展运动员的思维力。

（5）想象力训练

想象力训练注重在丰富电子竞技运动员的作战经验，鼓励运动员敢于想象，不去封锁他们的尝试，而是帮他们分析想象的合理性，培养他们的想象力和创造力。

2.其他训练

（1）晶体智力和流体智力的概念

电子竞技运动智能训练的其他主要途径是传授知识和掌握技能，我们称它为晶体智力。晶体智力受后天的经验影响较大，主要表现为运用已有知识和技能去吸收新知识和解决新问题的能力，这些能力不随年龄的增长而减退。

流体智力是一种以生理为基础的认知能力，如知觉、记忆、运算速度、推理能力等。流体智力是与晶体智力相对应的概念，流体智力随年龄的老化而减退。

晶体智力与流体智力既有区别，也有联系。流体智力的开发离不开晶体智力，正如思维力训练方法中，电子竞技运动员需要掌握辩证思维；掌握辩证思维，电子竞技运动员还可以继续提高流体智力。因此，我们要重视电子竞技运动员学习知识、技能的重要性。

（2）提高运动员专业理论知识水平

学习文化理论知识的一般方法。费曼学习法分为四步如下：

第一步：精简你所学习的内容，并记录在纸上。

第二步：把记录的概念解释给别人听，并努力让每个人都能明白。

第三步：如果还不能流利地解释该概念，就要重新学习，直到用自己的话解释起来已经不成问题。

第四步：进一步完善解释，找到最简洁最贴切的解释语言。

与传统的学习方法相比，费曼学习法更强调学习的主动性，从学习记忆方面更遵循人类大脑记忆的原理，通过“输入—存储—输出”形成一个传递单元，对应在大脑的过程是神经细胞的放电与传递。当我们能够把自己理解的信息（属于自己的编码），能够通过自己的语言给别人讲解的时候（神经细胞的传递），也就是完成了一个完整的记忆过程的时候，神经通路也就会变强，对于记忆的事物也就越深。

学习电子竞技专业理论知识与实践。电子竞技运动员学习掌握专业理论知识需要结合电子竞技运动训练的实践，学习专业知识的目的在于指导实践训练活动。因此，电子竞技运动员应该努力学习专业知识，来强化专业理论对于实践的指导作用，并且要经常思考理论与实践的结合。

广泛学习相关学科的科学知识。科学的电子竞技运动训练活动要求教练、电子竞技运动员具有丰富的、多领域的科学知识。如数据分析、体能训练学、认知神经科学、战术学等学科的知识，这些学科的知识都会对他们本身产生重要的影响。

例如，新手电子竞技运动员，不知道为何要按时睡觉，是因为他们对于大脑的科学知识不甚了解，大脑需要充足的睡眠来分解一天代谢的毒素，如果经常没有按时睡觉，反应会变得迟钝、内分泌也会失调，影响健康，影响电子竞技运动水平。对于教练来说，丰富知识对于辅导年轻的电子竞技运动员有着更重要的意义，因为只有丰富的知识才能更好地提高电子竞技运动员的竞技水平并且保证他们的健康，增强监管的动机、训练计划的科学性，还有战术分析能力等等。

（3）提高运动员运用知识的水平

提高应用理论知识的自觉性。教练、运动员首先应明确专业理论知识的作用，并主动自觉地在自己的训练实践中予以应用，这是提高其应用水平的重要前提。其应用的具体方法，一是由实践找理论，二是学理论找实践。根据训练实践的需要，去学习和寻找有关的理论知识，学习、理解并掌握后即用于训练实践，从而提高理论知识运用能力。从运动训练实践的需要出发，学习的目的性强，运用的针对性强，便于解决实际问题，常常会取得满意的结果。例如，教练、电子竞技运动员学习到电子竞技运动心理学相关知识，便可以更加系统地提升自己的心理能力。

认真做好专题总结。对运用专业理论知识于训练实践的工作情况应及时地进行深入的专题总结，这是提高应用水平的另一个重要的方法。通过科学的总结，可以对理论的认识更加深刻，对于实践的解析更加准确，从而把认识提高到新的层次和新的水平。

教练、运动员都应注意提高自身的科学方法水平，要学好逻辑学、科学方法论，以及体育统计、实验设计、调查访问等具体科学方法，这是进行科学的总结和从事科学研究工作必不可少的。

（三）电子竞技运动智能训练的基本要求

明确发展电子竞技运动智能的重要性意义，电子竞技运动即机智竞技运动，增强电子竞技运动员对于提升智能的动机。

电子竞技运动智能训练要因人而异，因为青少年时期的运动员，大脑正在发生巨大的变化，是稚嫩到成熟的发展过程，还有兼顾他们的心理成长，因此，教练需要格外注意他们的年龄阶段，使用适宜的培训方法。

重视电子竞技运动智能训练，并加入整体的训练计划中。

后　序

时光荏苒，转眼间，本书的撰写工作已经接近尾声，此刻内心万分不舍。因为在撰写的过程中，是作者本人灵魂深处的一次对话，更是对电子竞技运动理论及训练方法研究事业的一份思考。数月来的心血与努力在这一刻终得以完成，倍感欣慰。同时，这本书的完成得益于在撰写过程中得到了家人与其他研究者的支持，在此表示深切的感谢。

最后，在此做一定的总结，当前电子竞技理论和训练应当根据本校实际和学生特点，制定更加完善、科学、人性化的课程内容，完善教学方式，创新教学思维，从而激发学生潜能，促进其个性化发展，不断提高教学质量，为国家培养更加优秀的电竞专业人才。

电子竞技是一个新兴行业，电子竞技教育更是在探索中成长，本书还存在不足之处，网各位读者予以建议与指正，以适应行业的快速发展。

参考文献

[1] 郑夺.电子竞技概论 [M] .北京：清华大学出版社，2022.

[2] 崔海亭.电子竞技训练方式与战略战术研究 [M] .长春：吉林出版集团股份有限公司，2021.

[3] 超竞教育，腾讯电竞.电子竞技运动训练学 [M] .北京：高等教育出版社，2021.

[4] 张强.电子竞技有关职业和岗位介绍 [J] .中国培训，2021（11）.

[5] 张惠彬.传统与现代之间：电子竞技的版权省思 [J] .上海体育学院学报，2021（12）.

[6] 郑昱凡，陈江，陈飞.基于产教融合电子竞技专业设计实践类课程创新力培养体系构建 [J] .镇江高专学报，2022（02）.

[7] 王钧永，林若崴.电子竞技选手赛前心理状态的影响因素及其对策 [J] .当代体育科技，2022（08）.

[8] 洪仕敏，黄 雯，瞿天睿.电子竞技行业中的“粉丝经济”盈利分析 [J] .商业文化，2022（18）.

[9] 孙冰心.浅析英雄联盟中国EDG战队夺冠后全民狂欢的情感建构 [J] .西部广播电视，2022（07）.

[10] 陈帅，张妮佳，韩朝阳，宋永志.我国电子竞技产业多元主体协同发展的时代价值与理路创新 [J] .湖北体育科技，2022（05）.

[11] 申志娟，赵巧，连茼，李祯."十四五"时期河北省高校电子竞技产业发展路径分析 [J] .科技经济市场.2022（04）.

[12] 刘根，程凤侠，郑孝梅.基于SWOT分析下高校电子竞技职业教育发展策略研究 [J] .蚌埠学院学报，2022（01）.

[13] 龚骁.电子竞技：虚拟现实中的游戏行为与电子游戏的体育属性 [J] .中国多媒体与网络教学学报（上旬刊），2022（01）.

[14] 陈永祥，陈子杨.体育类电子竞技游戏对所属运动项目教学训练促进作用的研究 [J].当代体育科技，2022（23）.

[15] 石凤.浅析电竞文化的突围——以英雄联盟为例 [J].青春岁月，2022（15）.

[16] 吴笛.电子竞技与比赛训练的影响分析 [J].集成电路应用，2022（08）.

[17] 邵思巧.电竞巨头在光谷崛起 [J].支点，2022（08）.

[18] 姜燕冰，李振，董星雨，柯毅.电竞春晚：青年玩家和公众以电子竞技为载体建构的狂欢仪式——以英雄联盟电竞赛事为观照 [J].新媒体研究，2022（15）.

[19] 吕承志，王震，陆瑶，闫红桥.浅析我国电子竞技赛事传播的特点及启示 [J].科技传播，2022（14）.

[20] 陈帅，张妮佳，韩朝阳，宋永志.我国电子竞技产业多元主体协同发展的时代价值与理路创新 [J].湖北体育科技，2022（05）.

[21] 陈亦开.中国电子竞技学术研究的现实问题与视角转向 [J].成都体育学院学报，2022（03）.

[22] 孙泽峰.人工智能在电子竞技领域的应用及未来展望 [J].体育科技文献通报，2022（05）.

[23] 俞同.体育类电子竞技游戏对所属运动项目教学训练促进作用的研究 [J].科幻画报，2021（11）.

[24] 郭琴.电子竞技几个基本问题的理论综述——概念、分类及其与游戏和体育的关系 [J].广州体育学院学报，2021（06）.

[25] 康益豪，王相飞，王真真.我国电子竞技赛事新媒体传播的现状、问题及优化策略 [J].哈尔滨体育学院学报，2021（06）.

[26] 徐伟轩.电子竞技赛事的组织与管理探索——以2021《英雄联盟》全球总决赛为例 [J].产业创新研究，2021（22）.

[27] 李昕阳.电子竞技解说语言功能研究 [J].西部广播电视，2021（24）.

[28] 戴金明.我国电子竞技体育化嬗变中的难点探析 [J].广州体育学院学报，2021（06）.

[29] 方圆，周长雷，李昌泉.电子竞技参与对大学生攻击性的影响——基于错失焦虑的中介作用 [J].南京体育学院学报，2021（11）.

[30] 乔萌，吴俊彦，何慕珧，王欣，郑涵月.社会大众对电子竞技行业及职业选手的偏见研究 [J].中国市场，2020（10）.

[31] 李俊锋，黄泳茵.浅谈我国现阶段电子竞技产业发展现状——以“英雄联盟”为例 [J].现代营销（信息版），2020（02）.

［32］谭青山，孙娟，孔庆波.我国电子竞技赛事发展研究［J］.体育文化导刊，2018（12）.

［33］曲思奇.不同干预方式对MOBA类电子游戏玩家生理机能和心境状态的影响［D］.首都体育学院，2022，5.

［34］司帅.电子竞技运动制胜因素指标体系的构建研究［D］.上海师范大学，2022，4.

［35］刘林.电子游戏《王者荣耀》的文化研究与问题反思［D］.河北师范大学，2022，5.